Change & Transform

想 改 變 世 界 · 先 改 變 自 己

Change & Transform

想 改 變 世 界 · 先 改 變 自 己

跟任何人1秒變熟的本事

解除心防，拉近距離，
贏得你想要的影響力！

日本千萬超業╳人氣洗腦系YouTuber╳心理教練
Dr. Hiro 著　林佩瑾 譯

李茲文化

#【推薦序】

說話，要說進人心

身為一個老師，我深知一件事：想讓人停下來，聽你說話，最重要的，是「信任」。

信任從哪裡來？往往不是靠頭銜或專業，而是一種你「讓人卸下心防」的能力。

《跟任何人1秒變熟的本事》是一本教你如何在最短時間內，打開人心的書。作者以赤裸誠實的筆觸，回顧自己的實戰經驗，將那些看似操控的話術，轉化為一種更有溫度、更具實效的心理技術。

這不是一本教你說漂亮話的書，而是一本讓你學會「怎麼讓別人願意聽你說話」的書。

在教學現場，我常說：「教學的第一課，不是課本，而是你這個人。」若無信任，再多知識也是徒然。若能共鳴，再深的道理也能入心。

這本書正是為那些希望在人際關係、教學影響、業務推展中發揮力量的人而寫。它所揭示的，不只是話術，更是一種跨越心牆的智慧。

我誠摯推薦這本書給每一位教育者、溝通者與想成為領導者的你。願我們不只會說話，更能說進人心。

十方（李雅雯），理財暢銷作家、富媽媽

變熟不難，說中對方內心想法即可

不知道你有沒有想過一件事情，為什麼厲害的命理師、王牌業務員，總是能在極短的時間內，讓初次見面的客戶大感佩服與信任？

《跟任何人1秒變熟的本事》作者認為，因為他們能在極短時間內，「說中你內心想法」，不管是以冷讀術的方式巧妙的提問而後說出來，抑或者當成自己的想法說出來，總之，能讓人快速感到安心，願意卸下心防的人，大多是跟自己有一樣想法，能說中自己內心的人。

快速拉近自己與陌生人之間的距離並不難，只是我們都忽略了前提條件、情境環境，肢體語言使用方式的設定，貿然地使用了最無效的老套，卻想獲得不一樣的結果。

跟著《跟任何人1秒變熟的本事》的提醒，從外貌打扮、肢體語言，談話主題、內容與表達方式，一點一滴地準備起來，相信很快地你就能從不知道如何和人攀談告別，化身快速變熟神人，輕鬆拉近關係！

Zen大（王乾任），職業作家、時事評論家、ZEN大時事點評粉絲團版主

說話是現今社會的顯學。「說對話」、「說好話」是人際關係受歡迎的指導原則。

當我閱讀《跟任何人1秒變熟的本事：解除心防，拉近距離，贏得你想要的影響力！》這本好書，我非常驚喜作者的觀念與想法竟然和我不謀而合。我佩服作者的是，他沒有高深的理論，只有實戰的經驗，用他自己的人生故事，讓讀者感同身受，快速學會拉近人與人距離的心法。我真誠推薦，也樂於分享。

吳家德，NU PASTA總經理、職場作家

現在能夠面對面的機會真的很珍貴，因大家在網路的交流時間可能都比見面多，甚至都快忘了面對面的溝通能力，也因此《跟任何人1秒變熟的本事》不只是一本說話書，更是一場關於「理解人性」的溝通修練。

在這個手機社交比見面社交還密集的時代，能否快速卸下心防、建立連結，往往決定了關係的深淺與合作的可能。

本書結合大量真實經歷、心理學效應與人際洞察，層層拆解如何從「陌生」走向「信任」，讓每一場對話都成為影響力的起點，與你推薦溝通的「心」技術！

鄭俊德，閱讀人社群主編

如果你是小偷，
你會去哪一棟房子偷東西？

A 上鎖的房子

B 忘記上鎖的房子

答案當然是B囉。

畢竟開鎖很麻煩，
而且撬鎖會把門弄壞，
留下犯案痕跡。

但人與人溝通時，
絕大多數的人，
都想硬闖「上鎖的房子」。

每個人都在戒心的驅使下，
鎖上了心房。

警備森嚴的戒心，
就稱為「心防」。

在心防的戒備下，
你無法偷走對方的心。

想當然耳，
在這種情況下，很難打動人心。

如果有一把能打開心鎖的萬能鑰匙，
會發生什麼事？

如果能輕鬆突破心防，
輕易進入對方的內心，你就能……

- 桃花變旺
- 人緣變好
- 推銷商品
- 搭起信任的橋樑

對方的心，只能任你擺佈。

一點都不誇張，真的任你擺佈。
不僅如此，他還以為是自願的呢。

這本書，
就是要教你打造萬能鑰匙的方法。

第2章

如何靠第一印象解除「心防」

第3章

攻破「心防」的閒聊和說話術

第4章

用來解除「心防」的萬能鑰匙

第5章
隨心所欲操縱人心的誘導技巧

第6章

磨練自己，練出撼動人心的影響力

序章

如何卸下對方的戒心

「戒心」的祕密

我想先請你想像一種情境。你是一間小公司的老闆，多年來都沒有雇用員工，只有你們夫妻倆負責公司的運作。

某一天，有一個語言不通的陌生外國人突然登門求職，你會怎麼做？

一、拒絕他

二、不理他

三、錄取他

大部分的人都會選擇一或二吧？畢竟，人都有戒心啊。

有戒心很好，這樣才能使你避開危險。要是沒有戒心還得了？對每件事都高喊「Yes！Yes！Yes！」，合約沒讀仔細就亂蓋章，原本天下太平的日本，也要天下大亂了。

不過，有時戒心卻會阻礙你的人生。「好想向公司遞辭呈，可是我又擔心自己不夠格自立門户」「我有個喜歡的對象，可是又不敢追，好怕被打槍」我相信，不少讀者都有類似的煩惱吧？

或是你戒心太強，導致溝通不順利？你是否也這樣吃癟過呢？

也有很多人讀了商管書，心想：「做業務的重點不是推銷，而是解決客户的問題！好，我要先幫上客户的忙！」結果反而使客户提高警戒，連話都不肯聽你說。

戒心可以保護你，也可以束縛你。與戒心共處的方式很重要，方式對了，它能成為你的強大後盾；方式錯了，則會成為你的枷鎖。

此外，戒心還有一項有趣的Bug。

這個Bug就是：**一旦對某人解除警戒，此後就會無條件信任他**。只要善用這項Bug，就能大幅降低你這場人生遊戲的難度。

常言道：「越是多疑的人，越容易被騙。」你可以說說看，為什麼越多疑的人越容易被騙嗎？

回到本章開頭的問題。假如你是那位語言不通的外國人，你有把握讓一位長年不曾雇用員工的老闆，選擇「三、錄取他」嗎？

其實，這是我在撰寫本書時親身經歷過的事。

請各位稍微聽我聊一下往事。二〇二二年時，我終於實現移居海外的夢想，住在泰國曼谷。移居海外的最大門檻就是簽證，因為外國人在泰國工作需要工作簽證，但工作簽證卻很難從正規管道取得。

來泰國的日本人，大多由以下三項管道取得工作簽證。

❶ 以派駐員工或當地員工的身分向公司申請簽證
❷ 向政府認證的學校申請教育簽證
❸ 購買菁英簽證（Elite Visa）

②跟③不能在泰國工作，而且維持與更新簽證都得花一大筆錢，還有期間限制。公司職員可以用①的方式申請，但像我這種個體户就不行了。

以非受雇員工的身分移居泰國，最大的難關就是取得泰國的工作簽證。儘管可以在泰國創設法人，發工作簽證給自己，但是泰國對於外國人創設法人的審查相當嚴格，甚至規定一個外國人至少得雇用四個泰國人。

「我不想做那些麻煩事，可是又好想住在泰國工作。」

此時我靈機一動，想到一個邪惡的法子。

那就是去一家由泰國人經營的公司毛遂自薦，請他們雇用我。不過，我可不想當朝九晚五的上班族，因此受雇後不能改變我的生活模式，最好再付我很多薪水，讓我每天爽爽過日子。

該怎麼做，才能讓公司錄取我這個任性、來路不明、而且語言不通的外國人呢？

答案很簡單。用錢解決就對了。

我說的可不是「賄賂」喔。我是指讓對方賺錢。只要錄取我能賺大錢，對方應該也願意撥出一部分當我的薪水。

假設錄取我能讓老闆多賺一億，那麼就算給我五千萬當薪水，老闆手上也還剩下五千萬呢。

但是，這裡有兩個問題。

❶ 真的能賺那麼多錢嗎？

❷ 該如何說服對方相信這種荒唐的提議？

關於第一點，只要運用本書所介紹的訣竅來強化行銷技能，簡直易如反掌。

在此，我想先說明第二點。在沒有信任基礎之下，如何讓對方相信這種荒唐提議？

如果你是我，會怎麼做呢？你會鎖定哪種人當目標呢？「哪可能有佛心老闆相信一個來路不明的人啊，想太多！」如果你這麼想的話，那就不用玩了。

我的答案是：其實找哪個人都可以。

到處都是人。走在路上，一天會遇到許多人；看到幾家店，就代表有幾個老闆，你只要跟其中一人混熟就行了。

因此，我跟自己就讀的語言學校老師混熟，再請老師幫我拜託老闆，不到一個月，申請簽證就通過了。

你可能會懷疑「真的假的？」，此事千真萬確。最好的證據，就是我目前居住在泰國。

話說回來，為什麼這樣行得通？這就要提到我的上一份「特殊」工作了。

傳直銷的結構

增加會員，買產品的人越多，
上面的人就賺越多。

我上一份工作是傳直銷界的王牌業務員

請容我介紹一下自己的資歷。很多人或許已經在YouTube上認識我了，其實我過去是傳直銷界的王牌業務員。傳直銷就是俗稱「老鼠會」的惡質商業手法。

你買了清潔劑，接著你又推薦朋友買清潔劑，如果朋友A買了，你就能得到一部分收益。如果朋友A又推薦朋友B買清潔劑，朋友B買了，朋友A跟你都能得到一部分收益。後來，朋友B又向朋友C推銷清潔劑，如此一來，朋友B、朋友A跟你都能得到一部分收益——這就是傳直銷的運作規則。

乍看之下，加入傳直銷簡直就是躺著賺錢，美好得像做夢一樣，可是實際上向朋友推銷清潔劑沒那麼容易。你以為會發大財，因此不惜虧本買洗潔劑，結果朋友認為你「居然想拉朋友上賊船」，導致許多人失去朋友，這才是事實。

整整六年來，我都泡在傳直銷圈子裡。

許多人質疑：「你幹嘛做那種黑心工作？」「那不是犯罪嗎？」在此我事先聲明，傳直銷並不是犯罪。老鼠會（金字塔騙局）是違法的，但傳直銷（多層次推銷）並沒有違法。因此，我沒有留下前科。

不過，不可否認的是，許多傳直銷公司也因為強迫推銷，而被勒令停業。

你想想，為什麼我要做那種工作？

「因為你喜歡騙別人錢？」

我發誓絕對不是。說來有點老王賣瓜，但原本我也是個腳踏實地的人。我從鄉下的公立學校努力考上早稻田大學的政治經濟系，一路讀到畢業，而且從上東京的那天到現在，我每個月都會打一次電話給祖父母跟雙親報平安。我確實被人騙過，但說我騙人，就言重了。

那麼，為什麼我要加入傳直銷？

說來你可能不信，當時我真心認為傳直銷是好東西。對，因為我被洗腦了。這就跟現今造成社會問題的邪教一樣，許多傳直銷會員都真心認為傳直銷很棒，所以才廣為宣傳，或是認為：「我這門生意才不是傳直銷！」「這是領先時代潮流的某種新東西！」

就是因為真心認為傳直銷很棒，這群絕非詐騙專家的平凡人才能拉到下線。 因為不打算騙人，所以說謊技巧不好也沒差。

因此，身在其中者不會產生罪惡感，也不容易抽身。在這種組織架構中，越是認真學習、成就越高的人，越容易深陷其中。

幸運的是，當我努力學習在傳直銷圈賺錢時，學會了洗腦技巧。傳直銷活動可說是學習洗腦技巧的最佳環境，轉眼間就能學以致用，助我登上王牌業務員的寶座。不過，說來諷刺，我在學習洗腦技巧的過程中，也解開了自己所受的洗腦，最終脫離傳直銷圈。

二〇一九年九月，我運用當時所學的技巧，以洗腦系 YouTuber 之姿開創了 YouTube 頻道「Dr. HIRO 實驗室」。在此補充說明一下，洗腦系 YouTuber 不僅代表「講解洗腦技巧的 YouTuber」，也代表「曾經被洗腦的 YouTuber」。

拜上述經歷所賜，我成了卸除他人戒心的高手。說服陌生人在第一次見面當天就簽下可疑合約並交出現金，對我來說可是易如反掌（但我已經金盆洗手囉）。

卸下心防，翻轉人生

現在，我運用當時所學，在YouTube傳授各種實用的心理技巧，同時也擔任心理教練（Mental Coach），教導學員運用心理控制技巧，使人生更加精彩。曾陷入傳直銷圈的我對社會所能做的最大補償，就是運用在特殊環境所學的特殊技巧多幫助幾個人。

如此這般，我說服語言學校的老闆接受拓展事業的提議，得到工作簽證，還能額外得到一筆固定收入。

多虧這項雙贏提案，老闆還得感謝我呢。我不禁心想，「只要我有心，跨國詐騙也難不倒我」。

好，重點來了。**說服陌生人相信自己的詐騙技巧，不僅能用來詐騙，也十分**

適合用來拓展商機、建立人際關係。

本書集結了各種「卸下心防的技巧」，能助你博取他人信任。這些技巧可以用來做邪惡的壞事，但也能用來做良善的好事。

只要能卸下對方的心防，就不會發生「明明這件提案對他有利，他卻聽不進去」的情況；此外，想鼓勵別人的時候，若能繞過心防，從另一個角度向對方喊話，就能大幅提升鼓舞成效。

現在我的主要工作是心理教練，教些什麼呢？「我找不到想做的事情」「我想做某件事，卻害怕辦不到」「每天都過得很不快樂」……我的工作，就是讓有上述煩惱的客户，用不同的思考方式與心理技巧來追求理想人生。

要追求理想人生，就必須捨棄從小到大所建立的想法與觀點。說起來很簡單，實際做起來卻不容易。若要用一句話形容，就是「如獲新生」，你將走上完全不同的人生道路；即使住在同一個地方，感覺也像生活在陌生世界中的陌生國度。

此時，戒心便會警鈴大作。

有些事情，我「原本很想做，卻做不到」；解除戒心之後，當初做不到的事，卻變成我「熱切期待挑戰的事」，甚至懷疑當初自己為何做不到。

卸下心防之後，就能輕易將人生轉向好的方向，或是壞的方向。當然，若能自主控制警戒心，人生也就自由自在了。

了解架構，就能保護自己不受濫用此類心理技巧的人所害。說來遺憾，壞人們總是很認真學習高難度技巧。

我在傳播洗腦相關知識時，有人說「這個會教壞觀眾，以後壞人會變多」，這簡直是太小看壞人了。壞人總是求知若渴，我在YouTube頻道與書中所教的技巧，大部分壞人早就知道、也早就在用了。

反觀容易被壞人鎖定的多數善良民眾，卻不願意了解這類技巧。畢竟，就算不知道這類技巧，也可以活得下去。因此，我想，至少要以輕鬆易懂的方式，讓大家盡可能多了解相關技巧，就能少一點人受害。

我還在傳直銷圈當王牌業務員時，真心認為那是個好東西，如今洗腦解除，我才發覺當年傷害了多少人。

當初衷心相信的事物，結果卻傷害了他人；我所能做的補償，就是幫助更多人邁向快樂人生，只希望我所幫助的人，能比當初傷害的人多。

我在上一本書《降低人生難度的魔法說話本事》的後記寫過，**技能跟菜刀、車子一樣，都是工具；技能能用來造福他人，也能用來傷人**。

希望透過本書，你能用這項技能來造福他人，進而使自己邁向更精彩的人生。這是我寫作本書最大的心願。

為了將艱深的概念講解得簡單易懂，我引用了許多漫畫、電玩遊戲來舉例。不喜歡漫畫或電玩遊戲的人，可能會覺得讀起來有點不正經，但這些技巧都是百分百經過親身驗證的正經知識。希望各位能抱著開放的心態，享受閱讀本書所帶來的樂趣。

第1章

其他人不願告訴你的「心防的祕密」

為什麼學了說話術，口才還是沒變好？

首先，請你回答四個問題。

❶ 你想讓口才變好嗎？

❷ 你讀過「說話教學書」嗎？

❸ 你讀過戴爾·卡內基（Dale Carnegie）的名著《人性的弱點》[1]嗎？

❹ 結果，你口才變好了嗎？

我的拙作《降低人生難度的魔法說話本事》第一章的標題就是〈為什麼看了一堆說話教學書，口才還是沒起色？〉，這是因為很多人都想讓口才變好。

許多讀過拙作的讀者都給予好評，紛紛表示「我跟人溝通比以前順暢多了」「業績變好了」。

然而，口才並非只有零到一百分，我想應該很少人對自己的口才是百分百滿意的。我在拙作與自己的說話課程已全力傾囊相授，但若是有人問我：「還有沒有別招？」答案是：永遠說不盡。

這就是從古至今，永遠不缺說話教學書的原因。

明明每年都有暢銷百萬本的說話教學書，為什麼市面上還是不斷推出新的說話教學書？

因為**很多人都誤解了說話技巧，讀那些書只是治標不治本**。

---

1 原書名 *How to Win Friends and Influence People*，直譯為「如何贏取友誼並影響他人」。

要擁有好口才，說話方式固然重要，但絕非僅此而已。

溝通不是語言學，而是心理學。話要說得動聽，必須活用心理技巧。

喜歡心理學的人容易陷入的悖論

有一項有趣的悖論。這實在難以啟齒，但是老實說，你們不覺得那些說自己「喜歡研究心理學」「正在研究心理學」的人，多半都有溝通障礙嗎？

如果你覺得中槍，我在此說聲抱歉。我想，應該有不少讀者是對心理學有興趣，才翻閱本書的。

然而，此事至關重要，所以請容我直說。

心理學已成現代一大風潮，但為什麼很多人還是不懂察言觀色呢？了解心理學的人變多了，能活用心理學改善人生的人，卻完全沒有增加。

不擅長溝通的人為了改善溝通技巧，於是愛上心理學，結果溝通技巧反而退步，可是學心理學好快樂，所以還是埋頭猛讀心理學書籍、狂上心理學講座。

傳直銷圈流傳著這麼一句話：「其實化妝品對皮膚很不好，用越多越傷皮膚，所以高價化妝品才會越賣越好。」說起來，這兩種惡性循環其實挺像的。

只是，這根本不合邏輯呀。心理學是一門科學，照理說，每個人都能複製相同的結果。只要運用改善人際的心理技巧，應該每個人都能擁有好人緣；只要運用推銷或行銷技巧，應該每個人都能業績長紅。

不過，世界上就是有一大堆人緣不佳、業績不好的人。

我與洗腦技巧的邂逅

我的上一份工作是傳直銷，也明顯會有這種傾向。很多做傳直銷的人都喜歡心理學，而用來招攬傳直銷會員的講座，也多半打著「心理學講座」「心理學實戰講座」的名目。

然而，誠如許多人所知，被傳直銷手法籠絡的人只有一小部分。為什麼呢？「因為傳直銷很難拉下線」？答案沒這麼簡單。擅長拉下線的人，確實是存在的。

就拿我來說吧！我做傳直銷這六年來，前三年幾乎拉不到人，但後三年的招攬成功率，幾乎是百發百中。而且我不僅是讓人簽名加入會員而已，通常一天內都能賺到十萬日圓以上。

一般人拉下線的時候，別說是要讓人簽名加入會員了，很多人一聽到是「傳直銷」就退避三舍，不僅如此，還會因為「這個人竟然想拉我當下線」而討厭你、與你斷絕關係。

同樣是傳直銷拉下線，有人吃了閉門羹還被討厭，也有人讓客户聽得津津有味、賺了大錢。

到底是哪裡搞錯了，怎麼會有如此巨大的差異？

從我自己的經驗看來，成功與否的關鍵，並不只是因為「長相」或是「天生的才華」。畢竟，我做傳直銷這六年來，前三年可是無論怎麼努力都吃癟呢。

我前三年可沒有偷懶喔。我的週末都用來上心理學課程或行銷講座，講師推薦的書我一律讀完，甚至也讀了許多自己有興趣的書。

然而，我就跟大部分的傳直銷會員一樣，總是拉不到下線。

直到我邂逅洗腦技巧，情況才開始改變。我積極學習洗腦技巧，融會貫通地運用在日常生活中，從此業績大幅好轉。

當時，我發現了一件事。

心理學真的很實用！心理學就像魔法一樣，我叫人往東就往東，叫人往西就往西。

「咦？意思是說，我現在學的心理學沒用，是因為有更實用的『不為人知的心理學』？」

不對。「一般人所熟悉的心理學沒用，不為人知的洗腦心理學才有用」只是一種幻想。

世界上沒有「不為人知的強效心理學」。

這年頭，真正實用的知識，轉眼間就人盡皆知了。我這樣說吧，所謂「不為人知的心理學」，只是那些用了心理學卻沒成效的人所編造出的幻想。用來洗腦的技巧也一樣。洗腦並沒有使用什麼特殊技術，而是運用各種人盡皆知的簡單技巧來任意操縱他人。當然，差別就在於你要「不擇手段、不惜違法」，還是「不著痕跡地運用心理技巧」。

那麼，為什麼心理學知識大家都知道，大多數人卻都沒有能達到成效呢？這就要說到本書主題了。

那是因為**沒有「卸下心防」**。

「心防」的真面目

在此，我要先為「心防」下定義。

請你先想像一扇門。人們常說「敞開心扉」「緊閉心扉」，而心確實是有一扇門的。**心防就是一種自動上鎖裝置，一旦戒心發出警報，就會鎖住心扉。**

戒心一發出警報，心扉就會上鎖。麻煩的是，戒心是在下意識間運作，並非當事人刻意為之，因此當事人無法自主解除心防。因此，也難怪用來抵禦外敵的門鎖，反而會困住當事人。

當你的顯意識想要「迎向全新挑戰」時，潛意識的戒心卻警鈴大作，將自己

心防

戒心一發出警報，心扉就會上鎖。

的心反鎖，導致無法踏出第一步。

你還記得二〇二〇年新冠肺炎大流行時，日本發布了緊急事態宣言嗎？

緊急事態宣言為了防止感染擴大，限制了許多活動。就算想出門，在緊急事態宣言尚未解除的情況下，也不能自由外出；同樣的，你跟你周遭的人，心中也經常上演類似情況。

警戒心過強，就像在心中發布了緊急事態宣言。緊急事態宣言發布後，如果有人高喊：「讓我出國旅遊！」，一定會被輿論轟得滿頭包，對吧？在心防緊閉心扉的情況下，如果有人想硬闖，就會像上述的例子一樣，被對方下意識全力砲轟。

每個人應該都有類似的經驗。**在緊閉心扉的情況下，就算別人的意見是對的，也聽不進去；不僅聽不進去，還會強烈反彈。**這種情緒是下意識產生的，有時候，甚至會使當事者做出對自己不利的衝動行為。

例如，在緊閉心扉的時候，聽到父母或老師叫你去唸書，你明知唸書對自己有好處，卻變得比平常更想要廢——每個人都有過這種經驗吧？

只要卸下對方的心防，就能輕易說動他

反之，一旦卸下心防，人就會變得驚人地毫無戒心。若有什麼不對勁的地方，心防都會睜一隻眼、閉一隻眼。

此處有另一項重要關鍵。先被懷疑再得到信任，會比從未受到懷疑者得到更多信任。無論是在做傳直銷、或是打入泰國語言學校，我都是靠這招過關斬將。**不是「備受提防卻過關斬將」，而是「正因為備受提防，才能過關斬將」**。

請務必小心。你對於一度提防又解除戒備的人，付出太多信賴了。騙徒會故意先引發懷疑，再讓你放心，因此千萬別想著「檢驗一次就能安心了」。

解除心防的兩大溝通原則

若想解除對方的心防，我希望你先了解兩大原則。

那就是**「麥拉賓法則」（Mehrabian's Rule）**[2]與**「訊息的優先順序」**。前者在我的上一本書已說明過，如果你已經熟悉到能對別人解釋清楚，不妨跳過本節。

我不知道會不會有下一本書，如果今後還有撰寫溝通術書籍的機會，絕對會提到這兩項，它們就是這麼重要！這是溝通不可或缺的基礎知識。

少了這兩項，無論學了多少溝通術都是枉然，請務必牢記在心。

原則一：麥拉賓法則

所謂麥拉賓法則，就是指在溝通中，「你的形象有五十五％取決於視覺訊息、三十八％取決於聽覺訊息、七％取決於語言訊息」。「人生九成靠外表」（譯按：此處的九成是指視覺加聽覺，請參照作者前一本著作《降低人生難度的魔法說話本事》。）這句話，就是從這兒來的。

讀了一大堆溝通書，溝通能力卻沒進步，是因為市面上的溝通書花了一半篇幅（或是全部篇幅）去講解只占七％的語言訊息。這就好比你想煮出好吃的咖哩

2 或稱 7-38-55 法則。此法則在世界上遭到普遍誤用，Albert Mehrabian 的研究是用來判斷感覺或態度，當人說話時的語調或表情與說話內容不一致，聽者傾向於相信語調或表情，而不是說話內容。由於誤用者多，Albert Mehrabian 也聲明「Unless a communicator is talking about their feelings or attitudes, these equations are not applicable.」〔除非溝通者是在談論他們的感受或態度，否則此公式不適用。〕在此特提供此項訊息，以供讀者參考。）

飯，卻從福神漬[3]的做法開始學起，難怪事倍功半。

對付心防也是同樣的道理，名言佳句是無法打動人心的。「這種時候，講這句話就對了！」這類主題很受歡迎，因此很多人在社群媒體上發表相關教學，但請別忘了：說穿了，這東西只是咖哩飯的福神漬而已。

無論福神漬多麼好吃，若是醬汁跟米飯不好吃，絕對不會有人認為那是「好吃」的咖哩飯。反之，即使福神漬不好吃，若是醬汁跟米飯好吃，那麼應該不少人會稱讚這道咖哩飯「好吃」。

如果你覺得「麥拉賓法則」很難記，那就記住「咖哩飯法則」吧！

視覺訊息是醬汁，聽覺訊息是米飯，語言訊息是福神漬。

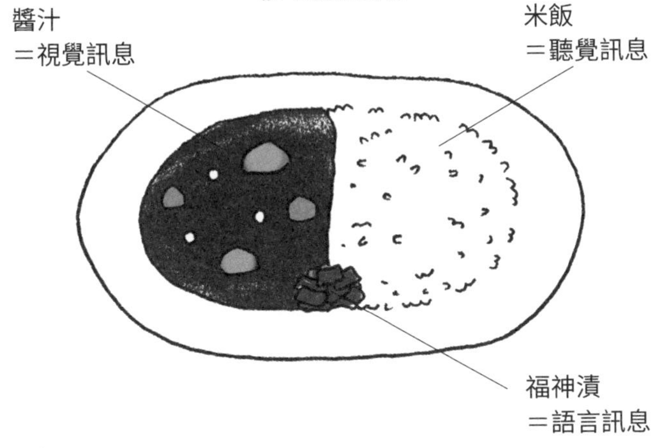

取代「麥拉賓法則」的
咖哩飯法則

若想煮出好吃的咖哩飯，就全心鑽研醬汁與米飯，接著再用福神漬提味即可。

語言訊息只是配角，只是錦上添花。

什麼「SaShiSuSeSo（真不簡單、我都不知道耶、好棒喔、你品味真好、原來是這樣啊）背起來，到哪兒都吃香！」[4]（或是「盡量不要聊天氣」、「掰出三個理由」……這些招式，請你全部忘記吧！那些全都是福神漬。我個

3　日本用來搭配咖哩飯的醬菜。
4　SaShiSuSeSo是括號中五例句的日文首字。

人很喜歡福神漬，也覺得福神漬很好吃，但這並不是煮出美味咖哩飯的首要關鍵。

想煮出美味咖哩飯的人，請將以下這句話貼在你心裡的廚房。

溝通不是語言學，而是心理學。

就算語言文法錯誤，只要成功營造出你想塑造的形象，就是一場成功的溝通。如果此時有人吐嘈我：「我查過字典了，你對溝通的定義是錯的！」那別人一定會覺得這人有溝通障礙。文法上是對的，在溝通中卻是錯的，這樣的案例可是比比皆是。

我就直說吧：**增強溝通能力，就是指增強視覺、聽覺上的表達能力**。說話有邏輯、善用成語、出口成章，都與你的溝通成功率幾乎無關。

別管字典了，先打理外表吧！讓自己的聲音更清晰，慎選談話場所，這才是溝通中的醬汁與米飯。

原則二：訊息的優先順序

第二項原則，與麥拉賓法則同樣重要。傳達訊息時，必須按照以下的順序。

一、由誰來說？
二、為什麼說？
三、怎麼說？
四、說什麼？

以上四項中，「由誰來說」是最重要的，接下來則是「為什麼說」＞「怎麼說」＞「說什麼」。

聽起來很偏頗，但**「善於表達視覺訊息、聽覺訊息的人」說的話，大多數人都願意聽**。

「由誰來說」是最重要的關鍵，這就是心理學中著名的「光環效應」（Halo Effect）。「光環效應」是指如果大眾喜歡一個人的某項特質，就會認為他的其他方面也很優秀。

舉個有名的例子，在一九七四年的加拿大選舉調查中，帥哥候選人比不帥的候選人多拿了二．五倍的選票。「長得帥當然吃香啊！」等等，先別急著下此結論喔。

這項實驗有趣的地方在於，研究人員調查了選民投給帥哥候選人的理由。針對選民投給帥哥候選人的理由，十四％的人回答「因為長得帥」，而大多數人則回答「因為政見好」「因為在政壇有好成績」之類與外表無關的理由。只因為相貌帶給人好印象，便在其他方面也得到好評——這就是光環效應。

第一點，「由誰來說」是最重要的。請正視這項前提。

第二重要的，就是「為什麼說」。難道只要長得好看，隨便說什麼都會有人聽嗎？倒也未必。

如果言談中帶有惡意、瞧不起人，聽者當然不會接受。

「這場溝通的目的是什麼？你想要什麼？」這一點，會大大影響溝通的成功率。

因為，你的「目的」會不自覺地從細微的表情變化與動作中表現出來，聽者下意識間接收到訊號後，會啟動戒心，仔細檢視你的意圖。

回想一下小時候吧！

同樣都是「很凶的老師」，有的老師很受學生歡迎，有的老師卻受學生討厭，對吧？

因為，有的老師是為學生而動怒，有的老師卻是為了自己的面子而動怒，學生怎麼可能對他們一視同仁呢？

第一重要的是「由誰來說」，第二重要的是「為什麼說」，請記住這項規則。

「要記的事情也太多了，很累耶！」別擔心，好消息來了！只要記得這兩項的優先順序就好，其他的不需要記。「怎麼說」、「說什麼」，真的一點都不重要。

只要把握「由誰來說」、「為什麼說」這兩點，溝通中的形象塑造，幾乎就大功告成了。

不過，市面上的溝通書，還是有一大堆專門教導「說什麼」與「怎麼說」的書。明明是要教人煮咖哩飯，卻淨教些福神漬跟蕗蕎[5]的做法，這哪是咖哩飯食譜，根本就是醬菜食譜嘛。

沒錯。**世上有很多人明明想學習美味咖哩飯的煮法，卻跑去閱讀醬菜食譜。這樣子，你煮出來的咖哩飯怎麼會好吃呢？難怪學了心理學跟溝通術，卻對改善人生沒有幫助**。

不僅沒幫助，還會因為得到不少福神漬跟蕗蕎的知識，對自己信心爆表，因而輕視最重要的醬汁與米飯。越是了解心理學的人，越是容易有溝通障礙，原因就在此處。因為你輕視「由誰來說」與「為什麼說」，才會產生溝通障礙。

如果你今後有機會學習溝通術，請想想「我現在學的是蕗蕎？還是咖哩飯的醬汁？」，肯定會大幅提升你的學習效率。

以上，就是溝通的大前提，也是最重要的兩大原則。接下來，我將分享自己的實際體驗，告訴各位「學會卸下對方心防後，可以辦到哪些事情」。

5 日式咖哩飯的配菜之一，長得像蔥蒜。

我是韓式按摩店的師奶殺手

以前做傳直銷時，我常常去按摩店。

一整天都維持同樣姿勢連續做好幾小時簡報，實在令我腰酸背痛。嚴重的時候，我甚至每天都要去鄰近的韓式按摩店報到一次。

因此，我每天都有機會跟按摩店的阿姨們聊天，阿姨們也對我很有興趣。她們應該很好奇，這個幾乎平日白天每天都來按摩的二十幾歲男子，到底從事什麼工作吧？

對於我的生活與工作，我有問必答。當時我正陷入傳直銷洗腦深淵中，因此真心認為：「我得到一份又棒又好賺的工作，簡直太神啦！」

我如實說出真心話，而阿姨們聽了之後，經常問我：「我能不能也加入？」

其實我並不是刻意拉人，但這麼棒的生意（當時我是這麼以為）哪有不分享的理由？於是我回答：「那請你下週撥出時間，我們來好好談一談。」

來赴約的阿姨，每個聽完都二話不說，立刻入會。不僅如此，有些人還帶自己的朋友、丈夫一起來，甚至有人帶外遇對象過來。

一般人聽到傳直銷就退避三舍，但這些客户卻是主動找上我，而且還有人興沖沖地帶著外遇對象來簽約。

還不只這樣呢！按摩店的阿姨們非常喜歡我，明明我選的是一小時半的方案，她們卻擅自幫我按摩三小時。當然，我只需要付一小時半的錢。

此外，還有阿姨安排姪女跟我相親。最令人吃驚的是，那位姪女漂亮得像明星！可惜當時我忙於傳直銷事業，只好拒絕，若是我當時沒那麼忙，說不定就跟韓國人結婚了。

為什麼以前外貌偏差值不到五十的我，能在「人生九成靠外表」的世界勝出？

當然，我的姜太公式拉人法不只對按摩店的阿姨們有效，對年輕女性也非常有用。

我主要是靠交友軟體來拉下線，只要我有空（例如不用上講座的日子），就會一天約三位女性見面，然後直接向她們介紹傳直銷，當天簽好合約。

傳直銷沒有「假日」的概念，因此一個月整整三十天，我都是如此度過。每個月大約跟一百位女性見面，而且不只見面，還向她們推銷奇怪的生意，當天就一人現賺十萬以上。簡單算一下，這樣就賺一千萬了。

附帶一提，我的外表絕對稱不上好看。說到我原本的外表偏差值，[6]甚至不到五十呢。接下來，我要告訴各位同胞一件殘酷的事實：在雙方邂逅初期，外表是非常重要的關鍵。

一九六六年，國外的某間大學進行了一項實驗。這實驗年代有點久遠，但我只找得到舊時代的實驗，因為這年頭要是有人做這種實驗，一定會被罵翻的。

實驗人員在大學舉辦一場聯誼，並請參加的男女同學在開場時接受人格測驗。接著，實驗人員幫同學們配對、展開聯誼，最後問他們：「你想跟配對對象約會嗎？」

各位認為，學生們最想跟哪種「人格」的人約會呢？

你腦中可能浮現幾種答案，比如開朗、合群、知性……但是最終結果顯示，當中並沒有特別受到青睞的「人格」。

6　日本對於學生學力的計算公式值，偏差值越高，越容易考進好學校。

這實驗有趣的地方還在後面。其實，在學生接受人格測驗時，實驗人員私下安排了第三人，為參加者的外貌評分（參加者並不知情）。將外貌評分表與約會意願調查表的答案兩相比對之下，外貌評價與約會意願之間，顯然具有明確關連。

簡而言之，實驗的結論是：兩人在聯誼時的聊天內容與氣氛並不重要，外表才是決定戀愛發展性的關鍵。

「才怪！我都是用個性來選對象的！你看我男友！長得那麼醜！」這位讀者，請放心。

這場實驗的目的，是用來檢視人對陌生對象的第一印象。認識得越久，個性對觀感的影響力就會逐漸大於外表。不過，在雙方剛認識、關係尚淺時，人會用「外表」來作為判斷戀愛意願的主要基準。

因此，在認識新對象的過程中，如果外表欠佳，會十分不利。

那麼，為什麼長相中下的我，可以藉由交友軟體每天跟數名女性見面，並且得到她們的信任？

原因有二，第一、**在約出來見面前，我就先用文字訊息卸下了對方的心防**。

第二，就是我**改善了外表**。

原本長相中下的我，在經過重重改造之後，終於不容易在初見面的階段就被對方從戀愛對象中剔除了。

當然，我的外表還是比不上天生的帥哥，不過有了「解除心防技巧」的加持，我在交友軟體上所認識的女性，比普通帥哥還多。

附帶一提，退出傳直銷之後，有一段時間我讓交友軟體回歸本來的用途：尋找戀愛對象，而當時我所認識、約會過的女性，人數跟做傳直銷時一樣多。

無論是拉下線或是尋找戀愛對象，追根究柢，本質都是一樣的。因為賺錢跟談戀愛，都是來自於「想留下子孫」的本能。

因此，我個人認為，「人緣好」跟「工作能力強」，幾乎是可以劃上等號的。

所以，面試新員工時，如果將面試者「是否擁有好人緣」列入評分項目，或許很有可能找到優秀人才喔。

第2章

如何靠第一印象解除「心防」

何謂第一印象：安外誤法則

若說溝通成敗全看第一印象，可是一點都不誇張。如果別人對你的第一印象不好，是不可能喜歡你的。「起初對他印象很差，但聊著聊著，卻被他不為人知的一面所吸引……」這種甜蜜的劇情是漫畫與戲劇的固定套路，在現實中卻難之又難。就是因為很罕見，才會顯得浪漫，成為漫畫與戲劇的場景之一。

還記得前面提過的光環效應嗎？所謂光環效應，就是指「如果大眾喜歡一個人的某項特質，就會認為他的其他方面也很優秀」。比如某人長得好看，其他人就會認為他的腦袋跟個性一定也很棒。

第一印象只看外表嗎？那倒未必。有些人長得好看，帶給別人的第一印象卻不好。

那麼，該怎麼做，才能打造出萬無一失的第一印象呢？

答案是：

❶ **安全感**

❷ **外表**

❸ **誤會**

就是這三項要素。三項各取第一個字，就是「安外誤法則」，一定要記住。只要這三項都能完美搞定，就不需要耍什麼小花招了。

在本章節，我會詳細解釋如何運用這三項要素，打造完美的第一印象。

人可以靠生物本能感應到安全感

這三項要素之中，最重要的根基就是「安全感」。**只要別人能從你身上感受到安全感，就會敞開心扉**。反之，如果別人無法從你身上感受到安全感，就會產生戒心，啟動心防。

接下來，我要問你一個問題。

什麼是安全感？

不要搬出字典裡的說法，而是用溝通教戰守則的方式來說明。是「在他身邊時，心情很平靜」或「很放鬆」嗎？這不叫說明，只是換句話說罷了。

針對解除心防的「安全感」，在此，我要提出明確的定義：

所謂安全感，就是對方的本能會告訴他：「待在這個人身邊，可以提升存活

率」。反之，如果對方的本能說：「待在這個人身邊，存活率會下降」，他就會產生戒心，進而討厭你。

你聽過「投契關係」（Rapport）嗎？

自從心理學變成顯學之後，「投契關係」一詞變得很有名，我想聽過的人應該不少。不過，究竟有多少人能明確解釋「投契關係」的意思呢？

最常見的解釋，就是：「所謂的投契關係，就是指雙方之間建立了真誠的信任關係」。以字典來說是沒錯，但是「雙方之間建立了真誠的信任關係」究竟是什麼意思？你能解釋得更清楚嗎？

如果此處模糊不清，那麼誰知道該如何建立「真誠的信任關係」？根本稱不上什麼實用的知識嘛。

說穿了，「投契關係」就是對方的生存本能認定了你，認為「只要待在你身邊，就能提升存活率」。

那麼，該怎麼做，才能讓別人認為待在你身邊可以提升存活率？

這點因人而異，也因情境而有所不同。

市面上的戀愛教戰守則與心理學書籍所教的「提升人緣小訣竅」，只是告訴讀者在限定情境下「具體做出這些行為，別人就比較容易認為跟你在一起可以提升存活率」罷了。

在適當情境下使用就能見效，但是**人緣不好的人，就是因為不知道該在何種時機使用何種技巧，所以才會人緣不好**。

戀愛教戰守則所教的那些招數，真的能應用在適當時機嗎？我個人覺得很難，幾乎跟賭博沒兩樣。

與其把人生賭在那種需要死背的招數上，還不如了解一下「投契關係」的原理，更能讓你做出對的決策與行動。

從今天起，你在待人接物時，請想想**「該怎麼做，才能讓別人從本能感受到安全感」**。我會在後面章節解說具體案例。

為什麼頭腦簡單、四肢發達的人比正經八百的知識眼鏡仔受歡迎？

在此，我要分享另一項重要訊息。

遠古時期內建在人類體內的本能，到現在並沒有多少改變。

人類進化的速度，跟其他生物比起來實在太快了。生物的進化，一般而言必須花上幾千、幾萬年的漫長歲月。

反觀人類文明，卻在這幾十年內急速進步。看看三十年前，別說是智慧型手機了，連傳統手機都還沒普及呢。

古時候的人類必須狩獵才能維生，而我們的本能，從古至今並沒有多少改變。因此，即使現代人已經不必依靠肉體勞動維生，頭腦簡單、四肢發達的人還是遠比正經八百的知識眼鏡仔受歡迎。

既然工作能力強的人比較受歡迎，而現代的主流職業「上班族」也是學歷越高、平均所得越高，那麼正經八百的知識眼鏡仔應該比較受歡迎吧？

然而，實際上完全不是如此。

我們男生為了受歡迎，只好上健身房狂操猛練那些「不常使用的肌肉」，以求擁有良好的身心平衡（Body Balance）。既然是不常使用的肌肉，就表示實用性是零，但為了受歡迎，還是咬牙忍受肌肉痠痛。

人一看到健壯的人，本能就會告訴他：健壯的體魄不僅能維持健康與長壽，還能抵禦外敵、在打獵時得到較多獵物。因此，儘管健壯的體魄在這年頭並不實用，四肢發達的人還是比較受歡迎。日劇《東大特訓班》有一句名言是「笨蛋跟醜八怪才該上東大！」（バカとブスほど東大に行け！），而如果你想改善人際關係，就記住**「笨蛋跟醜八怪才該去健身！」**

除此之外，從遠古時期人類本能的角度去思考，就能解釋各種戀愛招數的原理。不需要逐一死背，言行也能自然變得討人喜歡。

比如現代人飲食無缺，在日本幾乎不用擔心會餓死，但我們還是本能性地害怕餓死。

因此，「在餐飲店與對方點同樣的餐點能提升好感度」，原理就在此處。與飲食偏好相同的人在一起，就能提高獲得食物的機率了。

我們人類，天生就是會從「能抵禦外敵、確保飲食無虞，並與自己心有靈犀的人」身上得到安全感。

說得艱深一點，重點就是「相似性」與「共通性」；說得簡單些，重點就在於**「讓對方感覺你跟他很像、擁有很多共通點，而且意氣相投」**。

學會這兩招，一秒解除陌生人對你的心防

延續前面的內容，我再分享兩招具體的技巧，教你解除陌生人的心防。

一、同步

所謂同步，從字面上很好理解，就是說話時配合對方的步調（Pace）。請試著配合對方說話的速度，不只速度，節奏（Tempo）也要配合對方。你明白速度跟節奏的差異嗎？

速度是指一分鐘講幾個字，而節奏則是沉默的時間長短與頻率，又稱「留白」。

如果對方花費一秒才回答你的問題，那麼你回答問題的時候，也請等待一秒。腦袋轉得很快的人要特別注意，答得快不一定是對的。假如對方在談話中花了一秒來回答你的問題，你卻只花零秒就回答，對方會感到不是滋味。

話先說在前頭，如果你想表示自己很聰明，因此故意提出艱深的問題，或是回答問題時故意搶快，只會引發反效果。

附帶一提，我大學時期就是在這條反效果大街上全速狂飆，還自以為「腦袋好＝很帥＝人緣好」呢。不用說你們也知道，當時我的人緣簡直爛到萬劫不復。

二、率先表達疑慮

如果你是業務員，必須跟很多人談生意，請你務必記住「率先表達疑慮」這招。

這一招，幾乎是傳直銷的必備ＳＯＰ了。

每個人起初聽到傳直銷業務來談生意，心中一定有疑慮。其實，那不是因為傳直銷很可疑，而是因為沒做過生意的人，聽到有人來談生意就會繃緊神經。

我都是確定對方想聽，才會開始談生意，但就算對方說「想聽」，第一次聽的人，心中還是會混雜著期待與疑慮。

他們的本能，此時會高聲喊道：

「賺的錢變多，的確能過上更好的生活，可是我現在也是每天都有飯吃啊！如果轉換跑道後，變得三餐不繼怎麼辦？這豈不是很危險？會拉低存活率耶！」

如果是你，會用哪些話來化解對方的疑慮呢？以下，是我當時常用的方法。

首先，我必須搶在對方表達疑慮前，率先表示自己也有同感。這一招超級重要！除了能用來拉下線，也能廣泛運用在各方面。

在對方說出感受前先表示：「其實我覺得……」，如此一來，我在對方眼中就不再是滿口胡謅的江湖術士（敵人），而是經歷過許多風雨的可靠嚮導（盟友）。

我在拉下線時，一定會先講以下這段開場白。

「起初我聽到這項提議，心中當然充滿期待，但是也滿懷疑慮。畢竟是陌生的商業領域，每個人難免會害怕嘛。如果不害怕，早就去做傳直銷了，哪還需要人邀呀。

所以，◯◯（對方的名字），我想你對這項提議可能會有疑慮，沒關係，你的反應是很正常的。但是，這也表示它與你做過的工作大不相同，既然你對現在的工作不滿意，不妨試著用更正向的心態想想：踏入新領域雖然令人卻步，但也會帶來新的機會呀！」

在對方表達疑慮之前，率先表示：「這種疑慮是正常的唷」，如此一來，對方就會認為你是「幫忙解除疑慮的盟友」。

結果，這招不僅能解除對方的心防，還能得到對方的信賴。如果心懷惡意，甚至能使對方全心依賴你。請千萬不要用來做壞事唷。

最討人厭的特質

臭是天理難容

假設你已經將全世界的話術鍛鍊得爐火純青，比塔摩利[1]更善於傾聽、比明石家秋刀魚[2]更會帶氣氛、比松本人志[3]更會逗人笑，但如果你的嘴巴有一股融合

1 タモリ，是日本知名的藝人、主持人、喜劇演員，還是一位爵士樂愛好者。為日本演藝圈的傳奇人物之一，與北野武、明石家秋刀魚並稱「日本演藝圈三巨頭」。

2 明石家さんま，是日本家喻戶曉的搞笑藝人、主持人和演員。以快速、幽默、機智的對話著稱。與志村健、北野武等人並列為昭和、平成時代的代表人物。

3 まつもと ひとし，日本極具影響力的搞笑藝人、導演、編劇、作家。和濱田雅功組成的搞笑組合"Downtown"，在一九八〇年代末的喜劇界開創了一種全新、犀利又帶點毒舌風格的搞笑模式，影響了整整一代藝人。

了榴槤與納豆的怪味，跟你講話簡直痛苦到極點。

據說江户時代有一種刑求方式是逼人跟嘴巴很臭的人在密室裡獨處，我覺得可信度很高，因為跟有口臭的人講話就是這麼痛苦。

以前做傳直銷時，有一個女生長得很可愛、個性圓融、而且做事充滿幹勁，但就是拉不到下線。為什麼拉不到下線呢？讀到這兒，你應該猜得到原因吧？因為她的嘴巴有一股非常前衛的味道。

這項殘酷的事實，該如何告訴一位年輕女孩呢？

可是如果不說出來，她就無法突破瓶頸……於是，我決定不直接告訴當事者，而是對所有人宣告。

「各位，你們知道做業務最重要的是什麼嗎？那就是不能有口臭！無論一個人口才有多好，要是嘴巴臭，你們根本不想聽他說話吧？無論長得多帥、多可愛，嘴巴臭就完了！所以，各位飯後一定要刷牙喔！每三個月一定要找牙醫洗牙喔！」

我一週會提醒大家好幾次，尤其如果講座上有那位女孩的身影，不管當天的主題是什麼，我一定每次都講。我如此用心良苦，大家還以為我是牙醫診所派來的臥底，或是我想推銷潔牙粉呢！

畢竟，她業績不好會來向我討教，而且談話時又湊得很近，這簡直教我這個有潔癖的人痛不欲生。

那位女孩每次都睜著水汪汪的大眼聽我的講座，反應熱絡，也很好聊。我不禁心想：「跟她拉開十公尺距離，她就是個好女孩了，真可惜啊！」

如此這般，兩個月後，我終於有了跟那女孩在半徑一公尺內談話的機會。

「妳應該沒問題了吧？我看妳都有乖乖來參加座談啊。」

「HIRO老師，可以請教一下嗎？」

「好啊，怎麼……怎麼會這樣！」

本來是想這樣說的，但我將真心話藏在心裡，笑著說：「好啊，怎麼了？」這段苦澀的回憶，深深烙印在我心底。那個女孩的業績始終沒起色，就這樣從業界消失，直到最後都沒有改善口臭問題。

她一定是沒有自覺吧。**人會自動忽視不想承認的問題**，她肯定不認為自己有口臭，也不想承認自己有口臭，甚至聽到我在講座上的呼籲，也只會認為：「對呀！那種有口臭的人真的很討厭耶！」

附帶一提，有口臭的會員不只一個。有好幾個人放著蛀牙不管，導致口臭，而且他們不全是外表邋遢的人喔！有些是打扮得體的帥哥，有些是長相可愛的女孩。

各位，請你們每三個月一定要去看一次牙醫，維持口腔健康。此外，夏天也要記得帶濕紙巾跟止汗噴霧出門喔。

我在上一本書用超巨大文字寫了「醜就是沒禮貌，矬就是滔天大罪。」「要醜人花錢打理外表，好像要他們的命似的。」那一頁在網路上引爆話題（※該文是指每個人都能成為氣場帥哥、氣場美女，絕非外貌歧視。），在此，我要補充一句。

醜就是沒禮貌。

矬就是滔天大罪。

臭就是天理難容。

第一次見面，「這樣做就完了」

最初的稱呼方式決定你的人際關係

好，接下來要說到談話的訣竅了。你玩過《勇者鬥惡龍》嗎？

「喂！不是要聊談話的訣竅嗎！幹嘛扯到日本國民RPG啊！」[4]你是不是很想吐嘈？我反倒想問，不聊《勇者鬥惡龍》，要怎麼聊談話技巧？

在RPG中，有些事情錯過就完了。怎麼說呢？有些道具、角色、事件，一旦主線劇情進行到某個段落，就不能取得或觸發了。如果跑主線時漏掉重要道具、忘記觸發重要事件，就這麼儲存檔案，你就得從頭玩起了。

如果你在認識人的過程中，錯過了某些無法挽回的關鍵怎麼辦？不覺得可怕嗎？

什麼事情做錯無法重來？那就是「稱謂」。

人與人相處的難易度，九成取決於你第一次如何稱呼對方。

原則上，請直呼對方的名字或外號，避免以姓氏來稱呼人。除非對方是在正式場合認識的人、或是地位比較高所以必須稱其姓氏的人，否則就算你私下認識的人都互稱某某先生小姐，也請盡量直呼名字或外號。

「可是才剛認識就直呼名字或外號好像怪怪的，還是先從稱呼姓氏開始好了。」

4　RPG是角色扮演遊戲的簡稱。

千萬不能有這種想法！**因為不熟，所以必須稱呼姓氏？錯！就是因為用姓氏稱呼人，你們才不容易變熟。**

尤其是不習慣跟女性聊天的男性，更要特別注意。我曾經也是那樣。我高中三年都在鄉下的男校度過，而我也以此為藉口，上大學後，有一陣子（大概四年）跟女生談話的能力簡直爛透了。

當時的我，不僅不敢對剛認識的女性直呼名字或外號，甚至其他朋友都直呼名字了，我也只敢稱呼對方的姓氏。

「等一下。我曾經對不熟的人直呼名字，可是氣氛變得很尷尬耶。」你有上述的經驗嗎？在這種情況下，氣氛變尷尬並不是因為稱謂，而是你的第一印象不好。

只要你給人的第一印象不太差，對方平常也習慣被直呼名字或外號，此時事先詢問：「我可以叫你○○嗎？」通常不會有人拒絕。

倒不如說，**聽到別人呼喚自己的名字或外號，會有種「受到肯定、接納」的感覺。自己的名字是最動聽的旋律之一，請放膽直呼他人名字吧。**

你遇過這種經驗嗎？堅持不叫對方名字，只用「欸」或「問你喔」來向別人攀談，結果對方反問：「啊，你在跟我講話嗎？」。我遇過。你覺得接下來你們會變熟嗎？這簡直就像在《勇者鬥惡龍》中不拿炎爪（炎のツメ）就挑戰姆多（ムドー）[5]一樣，真是太母湯……不對，太魯莽了。

不只是別人的稱謂必須這麼做，你也必須請別人直呼你名字或外號。

5 這裡作者玩了ムドー與ムボー的雙關冷笑話，譯者盡量以讀者易於理解的方式呈現，因此用了一點流行語。

自我介紹的時候只報姓氏，是最糟糕的。

自我介紹時請先報全名，接著再說：「大家都叫我唐努拉（你的名字或外號），請叫我唐努拉就好。」[6]如果姓氏與名字只能二選一，請報上你的名字吧。

第一次見面，最好說出這句「必殺金句」

「我知道稱呼對方的名字或外號很重要了，可是，我不知道該對初見面的人說些什麼呀。」

我想，應該很多讀者都有上述煩惱吧？

我來教你大絕招。

初見面的第一句話，其實有明確的正確答案。你覺得是什麼呢？是「今天好熱喔」嗎？不對。說到天氣，可說是溝通教學界永遠的主題。有些書說「先從天氣開始聊起」，有些書卻說「第一次見面，千萬別聊天氣」。

你知道為什麼有兩種完全相反的說法嗎？

因為兩邊都不是正確答案。那麼，何謂正確答案？

接下來我要告訴你，對初見面的對象該說些什麼。

面對第一次見面的對象，你應該：

「把對方心裡想的話，當成自己的話說出來。」

面對看起來很緊張的人，不可以問他「你是不是很緊張」。

6 トンヌラ，《勇者鬥惡龍》的角色。

就算你很放鬆，放鬆到嘴巴半開流口水，也要說：

「哎呀，我好緊張喔……你常來這類場所嗎？」

還記得安外誤法則嗎？

第一次見面，最重要的就是「安全感」。

「太好了！這個人跟我一樣！原來不是只有我這麼想啊。」如果能讓對方這麼想，就能帶給他安全感。

千萬不要裝酷，強裝鎮定地問對方：「你該不會很緊張吧？」對方聽了，只會認為：「這個人完全不緊張嗎？我該不會來錯地方了吧？」反而使他侷促不安。

把對方心裡想的話當成自己的話說出口，不僅能帶給對方安全感（「原來不是只有我這麼想啊。他說不定跟我合得來喔。」），也能讓對方認定你跟他是同一國

初次見面一句話解除心防

說出對方心裡想的話

將對方心裡想的話，
當成自己的話說出口。

的（「這個人了解我的心情！」）。

「先從天氣開始聊起」與「第一次見面，千萬別聊天氣」都不是正確答案，是因為**何謂正確答案，取決於對方心裡怎麼想**。

如果這個人看起來汗流浹背，「今天好熱喔」就是正確答案；如果這個人因為突然下雨而發愁，就對他說：「突然下雨，真傷腦筋啊。」不過，若是這個人對氣溫或天氣沒什麼感覺，「今天好熱喔」就是錯誤答案。

話說回來，如果你不知道對方在想什麼，那麼先聊些無關緊要的話題也不壞，至少門檻不高。總比拚命想些艱深話題來裝博學好多了。

此外，如果你擁有認識多種人的固定管道（如交友軟體或講座），不妨設定一套固定的開場白。如此一來，就能自然開口，不必為詞窮而緊張了。

打個比方，當你跟交友軟體上的對象約出來見面，你猜對方會想什麼？「希望對方的長相不要跟照片差太多，最好跟照片一模一樣。希望對方是個好聊的人。不知道他會不會喜歡我？」大致上就是這樣吧？因此，你最好在剛見面時就化解對方的不安。

「你好，我是HIRO，請多多指教。哎呀，真是太好了，你在照片上很可愛，所以我原本還擔心要是長相跟照片差太多怎麼辦，但是你本人比照片還可愛耶。我本來很緊張，但現在放心了。」

各位覺得如何？希望本節能為使用交友軟體的男性提供參考，至於女性讀者，如果你認識的男性說過這類的話，那多半是本書讀者，請將計就計、假裝不知情，掌握主導權吧。

善用認知失調，使裝熟變成真熟！

上一節的交友軟體開場白，應該不少人都認為「這也太裝熟了」吧？其實呢，這是刻意的。安外誤法則最後的「誤」，就是誤認的「誤」。接下來，我會解釋何謂誤認。

你聽過「認知失調」與「錯誤歸因」嗎？

這是戀愛教學中經常介紹的心理效應，用戀愛教學的立場來解釋，就是「人們產生親密感的順序是顛倒的」（譯按：作者的意思可能是，兩人並不是相處久了才變熟，而是先做出熟人之間應有的交流後，兩人才變熟的）。在此，本書將統稱為「認知失調」。

前面談到稱呼他人名字與外號時，我說過「因為不熟，所以必須稱呼姓氏？錯！就是因為用姓氏稱呼人，你們才不容易變熟。」，對吧？這正是認知失調的案例。

在剛認識時就裝熟，正是與人變熟的訣竅。

以下介紹幾種具體方式。

首先，來聊聊最基本的「詢問個人資訊」。我並不是要各位大剌剌地問對方：「你住哪裡？」這類隱私訊息固然重要，但稍有不慎就容易踩雷，請千萬要小心。

如果隨便亂問，別人會認為你是個不懂人際界線的白目，所以詢問技巧非常重要。

怎麼問？請容我稍後說明，至於該問什麼，答案是「只對熟人說的訊息」。

「使對方說出只對熟人說的訊息＝對方會誤以為自己跟這個人很熟」，亦即認知失調。

接下來，我將傳授各位：該如何誘使對方說出只對熟人說的資訊。

那就是**「自我揭露的互惠原則」**。

很多人應該都聽過「互惠原則」這項心理效應。互惠原則，意指「對方對我好，我也會想回饋對方」。而「自我揭露」的意思就是「說出自己的個人資訊」，因此「自我揭露的互惠原則」就是：率先透露自己的個人狀況，能使對方較樂於分享自己的私人資訊。

不過，我叫你自我揭露，可沒叫你滔滔不絕地自說自話喔。回想一下，「由誰來說」的下一個重點是「為什麼說」，對吧？**說話不是為了逼對方當聽眾，而是為了讓對方願意開口，所以才說話**。

自我揭露只是為了起個話頭，因此務必簡潔扼要。

善用鋪陳，說什麼都像祕密！

話雖如此，也有人煩惱：「我不知道何謂『只對熟人說的訊息』」或是「可是我就是不想講私事啊」，沒關係，我來教各位幾句好用的句子，讓你不管說什麼，聽起來都像是在講祕密！

- 告訴你一個祕密……
- 偷偷告訴你……
- 我只跟你說喔……
- 我第一次說出這件事……
- 我從來沒對其他人說過這件事……
- 這種事，我只能跟你聊……
- 其實我平常是不大會說出這件事的……

善用這類鋪陳，就算是雞毛蒜皮的小事，聽起來也像是祕密。其實你還真的可以只聊小事就好。

不過，就算是「講祕密」，也絕對不能聊些令人反感的事，例如下流或違反倫理的話題。而「被霸凌」之類的沉重話題也盡量避開，因為對方會不知該如何回應。

最佳話題，就是無傷大雅的糗事。人都討厭完人，因為看到別人的完美，會感覺到自己的缺陷。擁有令人稱羨的事業或高學歷的人，應該積極展露自己不完美的一面才是。

我剛好有幾個好例子，例如：

「**偷偷告訴你**，其實我看了恐怖電影就會嚇得睡不著。」

「**我只跟你說喔**，其實我曾經看《航海王》看得一把鼻涕、一把眼淚呢。」

「**其實我平常是不大會說出這件事的**，老實說，我根本不會唸書，曾經拿過零分呢。」

「**告訴你一個祕密**，小時候我曾經被狗吠，導致現在還是怕狗。」

如上所述，最好說一些能引起對方共鳴的話，面對害怕恐怖片的人，就說自己也害怕恐怖片；面對對學歷自卑的人，就說自己以前在學校成績很差。當然，你不需要說謊，只要事先準備幾項無傷大雅的糗事，足以配合對方即可。

不過，有些人防衛心很強，即使你率先自我揭露，也不願意聊起自己的私事。若只是一般閒聊，你也不需要硬碰硬，只要拋出幾個容易回答的話題就行了。

那麼，如果是想談生意、開發客户、邀人約會……也就是「基於某種目的，希望對方自我揭露」呢？

在此，我要教你另一項絕招。那就是「**故意搞錯**」。

學起來吧，「故意搞錯」！

人的天性就是「不希望被誤會」「想要糾正錯誤」，因此我們要善用這項天性。即使是雞毛蒜皮的小事，人只要被誤會，就會不自覺說出真實資訊。請看下面的例句：

「你應該有三個弟弟吧？」

「才沒有呢。我只有一個姊姊啦。」

「我是東京人，丸子，我記得你是……北海道人吧？」

「不對，我是鹿兒島人啦。」

有一種失敗的溝通形式是「像面試一樣問個不停」，在對話中善用「亂猜」，也可以避免陷入「把對方問到煩」的窘境。

你是不是也曾經因為想成為善於傾聽的人，劈頭就問對方：「你是哪裡人？」「你做哪一行？」「你假日都做些什麼活動？」搞得對方被你問到煩？

發問→回答→發問→回答……這種對話循環久了就容易使人打呵欠，氣氛熱絡不起來。此時，**用「亂猜」代替發問，就能使對話產生變化，易於活絡氣氛**。

「你應該有三個弟弟吧？」

「才沒有呢。我只有一個姊姊啦。」

「完全猜錯（笑）。因為你看起來很會照顧人，所以我還以為你有弟弟呢！」

如上所述，最好在回話時若無其事地讚美對方，成就一場完美的閒聊。

為什麼我選擇PRONTO，而不是Renoir？7

我在上一本書說過，「談重要的生意時，最好選擇高級店家」。不過，以前做傳直銷時，比起一杯咖啡六百圓的Renoir，我更常去一杯咖啡三百圓的PRONTO。

你認為這是為什麼呢？不是因為咖啡比較便宜喔。

答案就在座位。

在此問問各位：你認為下面三個位子，哪個位子是最佳座位？

7 兩者都是日本的連鎖咖啡廳。

Q　你會坐在哪裡？

①對方正對面
②對方的鄰座
③對方斜對面

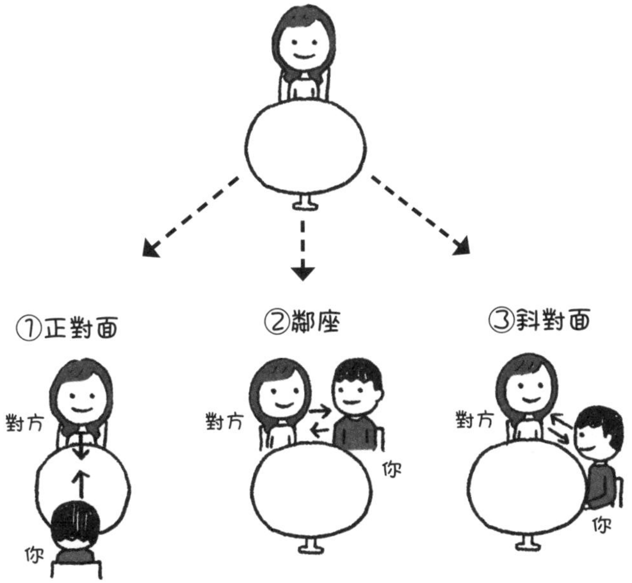

正確答案是3「斜對面」。2「鄰座」也很接近正確答案，唯一行不通的是1「正對面」。

坐在正對面，對方的心防將變得固若金湯。人遇到敵人的時候，一定是正面互相對視，對吧？**人對於正面對的人，警戒心是最強的**。

那麼，為什麼斜對面比鄰座好呢？

因為容易改變距離感。不必經常與對方面對面，也不會老是看不見對方的臉；想面對面就面對面，想別開視線就別開視線，3「斜對面」正是最容易調整距離感的選擇。

我選擇常去PRONTO而非Renoir，原因就在座位。當然，實際情況還是要依各分店而定，但Renoir由於空間太大，座位之間的距離多半太遠，而我去過的分店多半都是對座。

男女之間如果想拉近距離，肢體接觸是很重要的。比鄰而坐容易自然產生肢體接觸，如果你想拉近距離卻不敢主動靠近、碰觸對方，請積極選擇鄰座的座位。

反正，**只要避開對座就對了**。

題外話，PRONTO不只是單純的咖啡廳，而是咖啡酒吧；因此儘管價位不高，卻有不少裝潢時髦的分店，CP值佳。甜點也毫不遜色，尤其是他們的原創甜點「Brulee in Baumkuchen」，更深受女性喜愛。在年輪蛋糕中間的孔內擠滿卡士達醬，接著再把表面烤得焦香，堪稱是年輪蛋糕的進化版。

作為一個長年在PRONTO做傳直銷生意的人，請容我在此為他們打個廣告，以致上謝意與歉意。

第3章

攻破「心防」的閒聊和說話術

閒聊的三大重要原則

你擅長跟第一次見面的人閒聊嗎？

我想，應該很少人能回答「Yes」吧？

很多人應該都不擅長跟初次見面的人閒聊，甚至有些人「討厭閒聊」或「原則上不閒聊」。當然，我們沒必要逼討厭閒聊的人閒聊，但人生在世，難免會遇到必須閒聊的場合。

第一印象九成由外表決定，而第二印象，則是由閒聊決定。我將藉由本章節傳授各種閒聊知識，以助你成為閒聊大師。

首先來談原則。只要把握以下三個原則，你的閒聊功力就會節節上升。反之，若是放棄這三原則，絕不可能改善閒聊功力。

一、「非語言溝通」（Non-verbal）最重要

二、自己主動搭話

三、聊些日常小事

接下來，我將會逐條解說。

閒聊的原則一：「非語言溝通」最重要

不要煩惱「該聊些什麼」

「非語言溝通」（Non-verbal）是最重要的。所謂「非語言溝通」，就是透過語言（Verbal）以外的方式來溝通，意即外表、舉止動作、說話方式。

不擅長閒聊的人，最煩惱的就是「該先聊什麼才好」。不過，我已再三強調，「聊什麼」（意即 Verbal，語言）根本完全不重要。

滿腦子都在煩惱不重要的「語言」，導致重要的「非語言」一團混亂。這正是不擅長閒聊的人最容易落入的陷阱。

請別再煩惱閒聊時「該聊些什麼」了。

不過，說歸說，應該還是有很多讀者會忍不住煩惱吧？在此，我要傳授各位「不煩惱」的祕訣。這一招不只能用在閒聊上，還能大幅減少你在人生中「煩惱」的時間。

說起來，**人之所以煩惱，就是因為每個選項看起來都差不多。如果「A顯然是最好的」，人一定會毫不猶豫選A，根本沒什麼好煩惱的。**

只有A跟B看起來都一樣好，人才會煩惱。而「煩惱」跟「猶豫不決」是差不多的。連有幾個選項都看不出來時，此為「煩惱」；若能冷靜分析「自己在煩惱什麼跟什麼」，就會出現選項A與B，而當選項A與B都同樣誘人的時候（或是同樣討厭的時候），人就會猶豫不決。

知道這一點，你的人生從此就輕鬆多了。

因為，**你會發現世上根本沒有「重大的煩惱」**。

「最好是啦！我可是深深煩惱著該宣告破產還是還債才好，這煩惱還不算大嗎！」

「我曾經煩惱該不該動手術，手術成敗可是攸關生死呢！難道這不算是重大煩惱嗎！」

是的，沒錯。不過，請不要誤會。

我說的不是「A選項跟B選項都沒有價值」，而是「花時間煩惱是浪費力氣」。

因為，這樣很矛盾啊。就是因為找不到答案才「煩惱」，無論花多久時間找答案，只要「煩惱」還在，就不可能得出解答。就拿數學來說吧，0乘以多少都是0，不會得出0以外的答案。

煩惱時，你可以唱著「國・王・下・山・來・點・兵～♪」來當作一場好玩的娛樂，而如果你在煩惱時只會感到煩躁鬱悶，不如擲銅板或是用爬梯子抽籤來趕快決定，把時間用來做更有意義的事。

基於以上理由，我完全不煩惱。因為我知道「煩惱＝選哪個都沒差」，所以一旦備齊資訊，我多半在一秒內就會下決定。

我在餐廳點餐時，也都是一秒內下決定。畢竟，如果每道菜看起來都一樣好，不吃吃看怎麼知道哪一道最好？

除了餐廳點餐這類對日常影響不大的情況之外，談生意時，我也同樣不花任何時間煩惱。在此請各位不要誤會，**我是「備齊必要資訊後0秒下決定」，而非「未備齊必要資訊就靠直覺下決定」**。

說穿了，就是「既然必要資訊已備齊，煩惱也只是浪費時間」。

面對同樣誘人或同樣討厭的選項時，就趕快選一個吧。先選，才有後續的思考、努力、創造成果。

這才叫做「盡力」。把時間花在想破頭也沒有結論的「煩惱」上，並不能稱為「努力」，也不能真正面對問題，跟浪費時間到處玩沒兩樣。

無論是宣告破產或動手術與否，都是重大選擇，正因如此，我才建議不要煩惱。**既然不管花多少時間都得不出答案，與其煩惱，還不如趕快選一選，好好運用剩下的時間，努力將自己的選擇變成正確答案。**

好了，言歸正傳。

假設今天有一個不擅長閒聊的人讀了一本「閒聊教戰手冊」，頓時茅塞頓開，心想：「原來只要這樣搭話，我就有用不完的話題了！」那麼，接下來他就能順利跟人閒聊了嗎？

很遺憾，不會。不僅不會，反而徒增煩惱。「我該聊這個話題呢？還是那個話題？不對，面對這類人，我應該……」

我已經重申好幾次了，希望你一輩子牢記在心。**談話內容根本不重要！請你不要花腦力去挑「根本不重要」的話題，將大腦的資源用來提升非語言溝通（外表或舉止）的功力吧。**

閒聊的原則二：自己主動搭話

先發，才能在閒聊中制勝

很多人說：「我不擅長閒聊，所以不敢主動搭話。」

其實**恰好相反，就是因為你不主動搭話，所以閒聊才不順利。**

認真玩過《勇者鬥惡龍》的人，都知道基礎數值中的「敏捷」（すばやさ）有多麼重要。新手很容易只在意關係到攻擊力與防禦力的「力量」（ちから）、「防護」（みのまもり），對「敏捷」不屑一顧，這種人永遠都只會是新手。

在我心中，《勇者鬥惡龍》新手與中階玩家的分界點，就在於會不會使用皮歐里姆（ピオリム）。只會用拜基魯特（バイキルト）或史克特（スクルト）是不行的。（※皮歐里姆：提升我方「敏捷」的咒語。而拜基魯特與史克特，分別為提升我方「攻擊力」與提升我方「防禦力」的咒語。）

你知道「敏捷」數值高有什麼好處嗎？好處就在於可以比敵方先行動，等於多一回合可用。

一回合的差距，可謂差之千里。人世間所有的道理，都能從《勇者鬥惡龍》中學習。

如果是正經八百的商管書，就會引用孫子的「兵貴神速」，但意思是一樣的。換句話說，就是「皮歐里姆意外地很強喔！」

同樣的道理，也可以套用在對話上。請記住：先發制人，就能掌握主導權。具體來說有哪些好處呢？且聽我慢慢解釋。

人會依據「與你閒聊的印象」，來判斷「能不能與你進行深度談話」。

閒聊的目的在於繞過心防的戒備，意即在兩人關係尚淺（比如第一次見面）時，讓對方認定「可以跟你談更進一步的話題」。

當你向別人搭話時，是否也曾感到不安，擔心「他會不會覺得我很煩」或「如果他覺得我講話很無聊怎麼辦」？老實說，這種經驗人人都有。

放棄這種想法，趕快主動搭話！保證你的閒聊功力一秒暴增！

因為，講話最無聊的人，其實是顧慮東顧慮西、扭扭捏捏、放不開的人。如果懷抱著顧慮開口，你的非語言溝通就會顯露出消極的態勢，無論說什麼都容易變無聊。

反之，若是朝氣蓬勃地向人搭話，大部分人都會被你的朝氣感染，樂於回應話題唷！

如何克服玻璃心

實戰經驗是不可或缺的，所以也不必強求自己立刻變得信心爆表，只要抱著「試試這招」「試試那招」的心態向人搭話就好。

人很難一邊抱著「試試看」的心態，一邊「怯場」，因為人在體驗事物時，無法同時擁有兩種感受。

「可是萬一對方覺得我很煩怎麼辦？」「萬一我搞砸了，對方覺得我是怪人怎麼辦？」這位緊張兮兮又玻璃心的讀者，我來教你加強心理韌性的方法吧！

事實上，加強心理韌性的方法只有一個。玻璃心的人並非沒有能力，只是不知道唯一的訣竅為何罷了。

因此，恭喜你！

玻璃心讀者，從你了解訣竅的那一刻起，就能跟玻璃心說拜拜了！

那我要說囉。

加強心理韌性的唯一方法，就是受傷。

除此之外，沒有其他方法。

仔細想想，這不是理所當然嗎？生物的構造就是如此呀。想要加強肌肉，就必須傷害肌纖維，然後讓肌纖維自我修復；空手道高手的拳頭比鐵還硬，是因為他們不斷對著堅硬的樹木打拳、讓拳頭受傷，長久鍛鍊而成的。

說到心理韌性，當然是越強越好，而且在現代社會，心理韌性的重要性將會越來越高。從前人類靠著狩獵生存時，肉體經常疲憊、受傷，而現代人的謀生方法，則大大仰賴腦部活動。

即使你是仰賴肉體勞動維生也不例外。現在的智慧型手機與電視每天傳播大量資訊，對我們的大腦造成沉重負擔。

附帶一提，大腦、心、心理，全都是同一種器官。同一種器官，用醫學層面來看「大腦」，用心理層面來看是「心」，用英語耍酷就是Mental（心理）。若想鍛鍊大腦、若想增強心理韌性，就多多受傷吧。

當然，自戕與健身不同，而心理也不是一逕受傷就會變強。「為了毀壞而傷害它」，與「為了鍛鍊而傷害它」是不同的。如果你在目前的職場受到職權騷擾或受到霸凌，請不要忍耐，趕快逃離那個地方。

不過，如果你比較玻璃心，連向人搭話都有障礙，請記住一件事：「聊得順利雙方都開心，聊得不順利，也可以鍛鍊心理韌性！」唯有行動，才能發生好事！

閒聊的原則三：聊些日常小事

降低「閒聊」的門檻

前面我說過「閒聊時，聊什麼根本不重要」，**不過若真要從中挑出最不該聊的話題，就是嚴肅的話題**。

閒聊，就是隨意聊天。這意思不是指「隨意聊天也無妨」，而是必須隨意，「不隨意，就不是閒聊了」。

為什麼呢？因為聊深度話題，很累人。

與第一次見面的人閒聊時，我們多半將大腦的資源用來評估「眼前這個人是哪種人」（與熟人閒聊則不會有此情形）。

因此，如果還需要額外花費腦力來想話題，負擔就太大了。自認腦袋聰明的人更需要注意，你所選的「普通話題」，會不會其實讓對方聊得很累？

此外，你拋出一個有深度的話題，對方會認為「我也必須講點有意義的話才行」，導致緊張、繃緊神經，因而使心防變得更堅固。

要閒聊，就從門檻最低的話題開始聊起吧！尤其是面對初見面的人，最好聊些回答什麼都沒差的輕鬆話題。

「可是我不想被對方當成只會聊廢話的膚淺鬼。」我懂你的擔憂，請忍耐一下。你不妨換個想法：**在人際關係中，給對方優越感才好啊**！對方有了優越感，就願意開心地侃侃而談了。

「閒聊的門檻就是沒有門檻」

這就是閒聊三大原則的第三原則。

此時，或許有人疑惑：「好啦我知道了，可是怎樣才叫隨意聊天？」請回想一下，你跟三五好友在假日時都聊些什麼？跟好朋友閒聊，怎麼聊都不會累吧？

「可是那些話題太廢了，哪能跟初見面的人聊啊！」千萬別這麼想！跟初見面的人聊些只能跟好友聊的話，有可能引起認知失調，所以不妨鼓起勇氣踏出一步（除非你們的話題下流到講出來會被懷疑人格，那就千萬別聊）。

你可以聊家裡的可愛小狗，或是中午吃的拉麵很好吃啦、爸爸的鼻毛從鼻孔跑出來啦……聊什麼都可以，**人不是因為夠熟才閒聊，而是因為閒聊，所以才變熟**。

交換資訊的陷阱

關於閒聊，請記住一點：**交換資訊不會縮短兩顆心之間的距離**。你提供一項實用的資訊，對方可能會認為「你好厲害」，卻不會認為「可以跟這個人深交」。切記，閒聊可以改變縱向跟橫向兩種距離。**心之間的距離是橫向的**。越是靠近，越能縮短兩顆心之間的距離，使交情變好。**而交換有用的資訊，改變的距離是縱向的**。透過交換資訊，對方會認為「你居然知道這麼實用的資訊，好厲害喔」，因而對你感到敬佩，卻幾乎不會與你變得更熟。

在對方敞開心扉之前，你提供實用的資訊，頂多只能讓對方敬佩你，卻無法拉近兩人之間的距離。因為順序錯了。你必須先突破「心防」這道關卡，才能透過提供實用資訊來增進人際關係。

閒聊能改變兩種距離

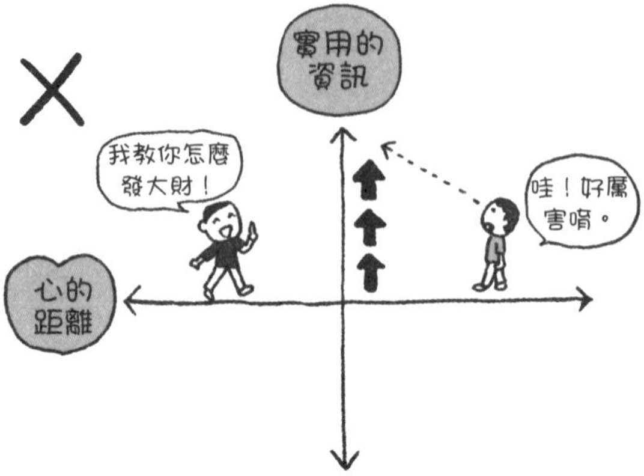
實用的資訊
我教你怎麼發大財！
哇！好厲害唷。
心的距離

交換資訊不會縮短兩顆心之間的距離。

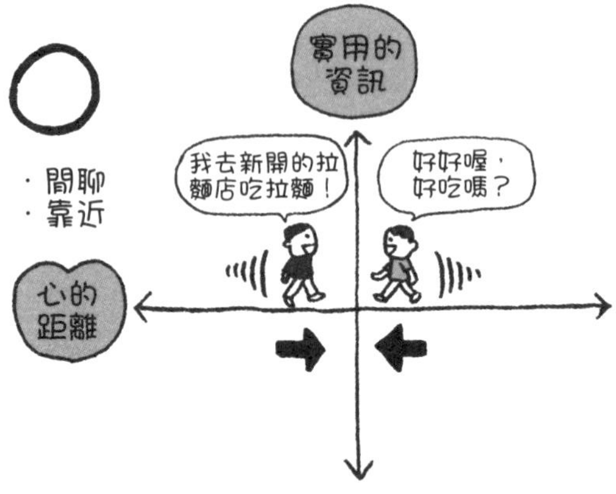
實用的資訊
・閒聊
・靠近
我去新開的拉麵店吃拉麵！
好好喔，好吃嗎？
心的距離

兩顆心靠近之後，再來交換資訊。

先突破心防再來交換實用的資訊，對方就會想再多見你幾面。順序的對錯，會大大影響你帶給別人的印象。

我在第前文說過「不要再背那些溝通教學書叫你背的SaShiSuSeSo了」，不過SaShiSuSeSo這句順口溜原本是出自於「料理的SaShiSuSeSo」，個中道理，套用到溝通上卻是恰到好處。

「料理的SaShiSuSeSo」是指砂糖（Satou）、鹽巴（Shio）、醋（Su）、醬油（古日語寫作Seuyu）、味噌（Miso），順序是按照分子體積由大至小排列，這句順口溜的用意是：「照這順序添加調味料，料理才容易入味喔」。

跟初見面的人閒聊，這樣做就對了！

閒聊的最佳步調是「High度要高，別講太好」

「我不擅長臨場發揮，要我對初見面的人臨時掰話題出來，真的好難。」很多人應該都有上述煩惱吧？不用擔心！閒聊就是隨意聊，完全不需要才華，也沒有適不適合的問題。既然不擅長臨場發揮，那就事先想好談話內容就好啦。

你可以聊前陣子吃了什麼拉麵、聊喜歡的諧星、聊最近去哪裡旅遊，事先準備三種話題，然後再搭配對象使用就好。如果怕麻煩，也可以只準備一種話題，隨時想用就用，就像寒暄一樣。

即使沒有有限、有點無聊，也沒有關係。越無聊的話題，對方接話的門檻就越低；坦白說，要是你的話題有限又有趣，對方反而比較難接話。

請想像一群人去唱卡拉ＯＫ。一群彼此不熟的人去唱卡拉ＯＫ，大家希望第一個唱的是哪種人？是不是最好點首High歌，可是唱得又不是很好，讓後面唱歌的人比較沒壓力？如果有人劈頭就點MISIA的*Everything*，而且唱功媲美職業歌手怎麼辦？那豈不是Everything都搞砸了嗎？

如果你唱卡拉ＯＫ不是為了炫耀唱功或想當歌手，而是為了跟大家打成一片，請注意不要選唱得太好的歌。閒聊也一樣，面對初見面的人，不可以聊太過有趣的話題。

無論是閒聊或是唱卡拉ＯＫ的第一首歌，最佳做法都是High度要高，別唱（講得）太好。我跟初見面的人聊天時，時常故意講得有點卡卡的。

談話步調要配合對方，如果對方反應很快，你也可以說得流利，不過最好還是略比對方口拙一些。

聊天就是傳接球。

如果你想跟初見面的人混熟，應該不會在傳接球時突然擺出標準投球姿勢，朝對方投出火球吧？傳接球最重要的是：**投出對方好接的球，也讓對方樂於投球**。

聊天的傳接球就是要快接快投

如果在練習傳接球時，明明你都擺好接球架勢了，對方還一直自己在原地玩球，你會怎麼想？

你一定心煩氣躁，心想：「是要投了沒啦！」對吧？聊天的傳接球也是同樣的道理。可以隨意閒聊，但絕對不能自己說個不停，搞得跟在卡拉ＯＫ霸占麥克風一樣，別人一定會討厭你。

而且，不是投出去就行了，還必須維持節奏、一來一往。聊天的傳接球，最重要的就是節奏。你不是練習傳接球的職棒選手，而是試圖透過傳接球來增進情誼的外行人，因此球速快不快、控球精不精準、尾勁強不強，全都無關緊要，**最重要的就是維持傳接球的節奏。節奏比內容重要！**

明明是自己向別人搭話，卻滔滔不絕地開始演講，這種行為就像約別人去唱卡拉OK，自己卻霸占麥克風不放。根本就是討厭鬼嘛。

投得不好也無妨，重點是接到球就要立刻投出去。若是你想來一場精彩的談話，話就會變得又臭又長。你自己講得很高興，別人卻聽得很痛苦。**閒聊時維持良好節奏**、**有來有往**，**永遠是最重要的**。

如此一來，雙方都不需要長篇大論，也能輕鬆隨意地閒談。

光是注意贅詞，就能改善閒聊的節奏

（譯按：本節主要講述日語文法，然而日語與中文文法差異頗大，細節處無法通用（比如日語將肯定、否定放在句尾，中文卻是放在句首），因此僅列出原文供讀者參照。不過大方向是沒有語言差異的，即為減少贅詞，如台灣常見的「然後……然後……」。）

「可是經你這麼一說，我以後說話反而會滿腦子只想著『趕快說完！趕快說完！』，導致緊張兮兮耶。」沒關係，我都幫你們想好了！記住以下時間：閒聊時，自己連續說話的時間不要超過一分鐘。

當然，如果是對方要求你說明某些事、或是請你指點迷津，就不必執著於一分鐘內了。不過，請務必記得：與其自己說個不停，不如適時作球給對方。

原則上，長篇大論不僅沒禮貌，而且沒規矩。尤其是年長者，通常很容易講太多開場白，請千萬小心。

越是想要「展現帥氣的一面」或是「不希望被誤會」的人，開場白越是冗長。

無論對方看起來聽得多麼津津有味，內心都是想著「快點給我閉嘴」。

不過，應該也有些人是「不知道自己講話時間有多長」或「不知道該怎麼改」吧？

關鍵就在於斷句。

・～因為這樣（なので）
・～就是（でして）
・～就（で）

這些詞，請不要放在句尾。很多人習慣將連接詞放在句尾，一旦養成習慣，就會下意識想接話，導致話越講越長。

有些人甚至講到「～因為這樣啊（なのでぇ）……」就不說了，導致聽者不知道發話者到底講完了沒，抓不到對話節奏，覺得很難聊。

講話明確一點，請改用「です」「だったんです」「でした」。（譯按：以上皆為日文中表示肯定的斷定助動詞，放在句尾，中文無此用法。）

連接詞是要放在句首的，請不要放在句尾。

例如以上句子，就可以這樣斷句。

「連接詞要放在句首。請不要放在句尾。」

如果你已了解理論，卻無法靈活運用在日常生活中，歡迎來我的Voicy直播

如何靠閒聊贏得好人緣

訣竅① 維持良好的節奏來傳接球

講得不好沒關係，維持節奏、有來有往最重要。

訣竅② 注意贅詞

注意斷句，講話務必簡單扼要。

逛逛。我的Voicy直播每週都會開設一次與觀眾直接對談的主題（名為「歡迎提問、討論、閒聊！」），只要你表明「想改善說話方式」，我就會在線上邊說邊給予建議。

此外，每次直播都有留檔，可以事後重聽自己的部分。聽了錄音，你就能清楚明白自己在對談時花了多久時間，不妨多多利用本頻道來練習。在Voicy搜尋「Dr. ヒロ」就找得到我囉！

當然，你也可以在我的頻道之外找到練習機會。習慣在Zoom上面商談的人，可以用錄音、錄影功能來輕鬆留下記錄。一旦養成「說話冗長」的習慣，光靠著意志力提醒自己，是很難改善的；因此，不妨善用錄影或錄音，事後再多聽幾遍，比較容易改善習慣唷。

第4章

用來解除「心防」的萬能鑰匙

提高親密度的閒聊大絕招：「捧笑」

增強人緣的惡魔級絕招

久等了！從本章起，我會具體介紹許多技巧。每招都是一用見效，不過正確使用工具才能發揮最大功效，因此務必先徹底了解前三章，才能使你如虎添翼。

我在上一本書強調過：「總之拍馬屁就對了！拍馬屁不會死，不拍馬屁反而無法開始第一步。」而在閒聊時，同樣需要吹捧對方，最好吹捧到跟拍馬屁沒兩樣。在閒聊中拍馬屁很簡單，既然是隨意聊天，那就亂捧就好了。就算是亂捧，被捧的人還是會很高興。

以下列出幾句好用的「亂捧」句型：

- **我感受到你的氣場了。**
- **你氣質真好。**
- **◯◯，我最喜歡你這一點了。**

這三句誰都能用，畢竟閒聊跟亂捧根本不需要意義，所以任誰來用都能一秒上手！

接下來，我還要教你更強的招式。前面我說韓國阿姨幫我安排過相親，正是因為我學會了這個大絕招，阿姨才對我愛之入骨！這招就是「捧笑」。

基本上，在溝通時開對方玩笑是不恰當的。當電視節目主持人開「丑角」玩笑時，丑角會經常大笑或表現出開心的模樣，但那是事先安排好的表演橋段。現實生活中拿別人開玩笑，九成都只是霸凌或惡整。

靠著開別人玩笑來博得笑聲的人，總是誤以為現場的笑聲代表自己很幽默，殊不知周遭的人都在心裡默默扣分。而被開玩笑的人，則會心懷怨恨；再怎麼好說話的人，都有自尊的。千萬不能因為對方好說話，或是對方地位、輩分比你低，就隨意開別人玩笑。

不過，如果有一種魔法般的絕招，可以營造出電視娛樂效果般的歡樂氛圍，讓你開別人玩笑卻不得罪人，而且被你開玩笑的人還會越來越喜歡你！你不覺得很猛嗎？那就是「捧笑」。這招不僅簡單好上手，還能讓你一秒成為桃花王，這麼強的大絕招，你還不趕快來試試看？

「捧笑」的做法與訣竅

所謂「捧笑」，顧名思義就是**用開玩笑的方式來吹捧人**，就這麼簡單。**一般的開玩笑都是貶低、取笑，而捧笑則是在玩笑中把對方捧得高高的。**

重點在於「隨意而不刻意」。如果太刻意，看起來太像拍馬屁，氣氛就會變尷尬。只要輕鬆、隨意地捧人，就能自然營造出好氣氛。

接下來介紹具體案例。我在按摩店跟五十多歲的阿姨們聊天時，經常穿插這類玩笑話：「阿姨，妳年輕時，一定有男人為妳哭泣過吧（笑）。」

阿姨聽了這句話，有什麼反應？首先是哈哈大笑（這是阿姨用來掩飾害羞的手法），然後講話音調提高三度。那是少女的聲音啊。阿姨已敞開心扉，開心到想當場帶我回家，請我吃晚餐。

「阿姨，妳年輕時，一定有男人為妳哭泣過吧（笑）。」
「啊哈哈，沒禮貌，我才不會做那種事呢（笑）。」
「沒有啦，妳光是說話，就散發出好女人的氣場呢。我感覺得到。」
「啊哈哈哈。是喔？小哥，你年紀輕輕的，對我這個老阿姨花言巧語，也拿不到好處啦。」
「才不是花言巧語呢，我只是實話實說罷了。不過，如果阿姨妳再年輕個五歲，說不定我就追妳囉。」

我去外縣市出差的時候，當天才跟按摩師阿姨聊完，按摩師阿姨就提早下班請我吃晚餐、開車送我到旅館，而且還買了一堆伴手禮送我。

我沒有非分之想，只是心想既然要聊天，不如隨便講些讓阿姨開心的話；結果幾句簡單的話，卻換來大大的回報。

常言道：「遠親不如近鄰」，捧笑能讓人快樂似神仙，轉眼間就讓你們變得跟親戚一樣親密。

學起來！面對各種人際關係都能解除心防！

見人說鬼話，見鬼說人話

你是否聽過某些說話教學強調：「對每個人都必須態度一致」「不可以拍高層馬屁」？這是錯的。面對不同人，必須擺出不同的態度。不過，我不是叫你拍主管馬屁、對屬下囂張跋扈，這種行為根本人神共憤。

我在上一本書說過「**只對一部分人拍馬屁，會惹人討厭，所以你要對所有人拍馬屁！如此一來，大家都會喜歡你！**」在此，我要講解進一步的技巧。

那就是「**反拍馬屁**」。日本民族的平均溝通能力太低了，因此主流論點說要往東，你就往西，多半都會有好效果。

所謂的反拍馬屁，就是對地位、輩分較高的人友善，對其他人有禮。

我有很多朋友都比我小二至五歲，但我對他們每個人都用敬語。因為年長者對年紀較輕的人說話用常體（譯按：日本是階級分明的國家，晚輩、下屬對長輩、主管、學長姊必須用敬語，而對平輩或地位輩分較低的人可以用較為輕鬆隨意的用語，即為常體。），就會給人高高在上的感覺。無論雙方多熟，只要對方用敬語，你也必須用敬語。

反之，面對臉上寫著「生人勿近」的對象，或是來諮詢的客戶（他們在社會上多半是超級大人物），我就會把他們當成「朋友中的朋友」來對待。

越是難以親近的人，越是要坦率待之。當然，坦率不等於無禮，因此務必親和中不失禮儀，光是這樣，你在對方眼中就會變得珍貴無比。

有些客戶對我說：「願意指正我缺點的人只有你」，也有許多客戶反應：「這種事我怕說出來別人會笑我，所以只敢找你商量。」

「我真的能輕鬆對待對輩分高的人？」有些讀者可能會有此疑惑，我保證沒問題——應該說，我要請你成為「將本書招式拿去江湖闖蕩也不會出問題」的人。到頭來，最重要的永遠都是「由誰來說」，因此**就算態度有禮，討人厭的人還是討人厭；就算態度不拘小節，惹人喜歡的人還是惹人喜歡**。

位居高位者，通常都很有氣度。只要對方才德配位，你對他坦率以對，對方反而很有可能中意你。

我年輕的時候，心裡可是想著：「才這麼一點小事就生氣，小鼻子小眼睛的！在你討厭我之前，我會先討厭你！」很憤世嫉俗吧？從我有記憶以來，就很討厭仗勢欺人的人。囂張的學校老師是全世界最遜的生物，你們不覺得嗎？

「如果沒有地位，你還剩下什麼？只不過是比我早出生而已，囂張什麼。」我心裡經常這樣想。

因此，如今長大成人，我終於了解了。只要反著做就會討人喜歡了！說起來，我自己也曾經仰仗權勢而得意忘形，因此，我明白為什麼那些人會得意忘形。因為想掩飾自己沒料啊。這種人覺得勝負決定一個人的價值，所以一旦某方面勝過對方，就會囂張到極點，以得到安全感。

不，與其說是「安全感」，不如說是「優越感」吧。就是因為自以為優越，才無法爬到更高的地位，而且會毀掉每個快追上自己的人，以維護地位。真是爛透了。

當年憤世嫉俗的我，工作時的心態是：「被沒料的人討厭也沒差，只要才德配位的人喜歡我就好。真正有實力的人是很有度量的，所以沒度量的前輩跟主管討厭我又怎樣，只要我實力夠強，就會有更強的前輩跟主管罩我。」不過，直到我深入了解應用心理學，就改觀了。

你知道心理學的「達克效應」（Dunning-Kruger effect）嗎？

達克效應

所謂的達克效應，說得極端些，就是能力越低的人，越會誤認為自己能力很高。工作能力越差的下屬越喜歡說「主管無能」，越無能的主管越愛說「下屬沒用」。

以前做傳直銷時，別人對我的好惡非常分明。

〇．一%的高層跟九十九%的底層非常喜歡我，而高不成低不就的剩餘〇．九%則是非常討厭我。

為什麼他們討厭我呢？因為我對他們毫不留情地批評指責。我跟學校、公司的人一樣，只靠著責罵來驅動他人；因為我是頂級業務，所以除了我，沒有人夠格罵人。

然而，現在回想起來，正因為我是頂級業務，更應該對他們以禮相待，討他們歡心。

當然，不需斥責就撼動人心，需要一定的技巧；以我當時的能力而言，實在是辦不到，所以才會選擇斥責。

但是，當年的我好累。無論對方多麼弱小，硬逼別人做某些事，還是需要體力的。

對上坦率，對下有禮。而對不上不下，要更有禮。

這一點非常重要。

我們對地位相近的人容易忘了禮節，但是，那些與我們地位相近卻沒有成績的人，才是我們最應該以禮相待的對象。趾高氣昂地指責人，只會招人怨恨而已。組織團體裡的人尤其應該注意，而個體戶也不例外。

貫徹「沉默」之道！

傾聽技巧的最終型態「Autocrine」[1]

既然閒聊也是溝通的一種形式，傾聽自然比說話重要。不過，事到如今才學習「少說多聽」，也來不及了吧。

因此，這回我要傳授「傾聽」的最終型態。

那就是「Autocrine」。

Autocrine的奧妙之處，在於光是傾聽對方說話，就可能改善對方的人生。

Autocrine是教練學（Coaching）[2]用語，意指藉由聆聽自己說話，來達到整理思緒的效果。在教練學的課程中，客戶說話的時間，經常多於身為教練的我。

我這個收錢開課的人，有時候八十%的時間都只負責傾聽，而客戶的人生卻能因此逐漸好轉。

為什麼呢？其一是因為問對問題，其二是因為我跟客戶之間互相信賴，這很重要。

「由誰來說」很重要，「由誰來聽」也同樣重要。

在卸下心防的狀態下傾聽對方說話，光是「傾聽」這個動作，就可能改變對方的人生。

1 本詞非指醫學上的「自分泌」，而是教練學用語，意指藉由聆聽自己說話，來達到整理思緒的效果。Autocrine（自分泌）的概念可類比「自我回饋（Self-Feedback）」或「內在調節（Intrinsic Regulation）」本詞無對應中文，故以英文呈現。

2 一種訓練或發展的技術，指導者稱為「教練」，協助學習者達成特殊的個人或專業目標。

教練對客户提出對的問題並認真傾聽，客户就會自然產生動力，自發性地想去做某些事情。這種感覺，跟別人叫你「去做這個」「去做那個」是截然不同的。

當你傾聽別人說話時，除了「讓對方說得愉快」之外，不妨進一步想像「你光是傾聽，就能讓周遭的人改善人生」的情景，可將你的溝通品質提升到另一個層次。

此時，最重要的就是等待。

這點並不容易做到。**對方還在整理思緒時，你千萬不能主動打破沉默。**很多人都耐不住性子，逕自打破沉默。

無論對方沉默多久，你都必須默默等待。

傳接球的節奏因人而異，有人會滔滔不絕地講不停，也有人將九十分鐘內的六十分鐘都用來整理思緒，整理完只剩三十分鐘。

其實，後者處理起來比較棘手。足足有六十分鐘都被沉默填滿，你必須在剩餘的三十分鐘內講完重點。

你能忍受六十分鐘的沉默嗎？

此時一旦打破沉默，一對一課程就沒意義了。因為，如果只是單方面傳授知識，客户大可買書來讀或上講座啊。

配合客户的步調、由客户自己找答案，這才是教練學的真諦。因為**人生的正確答案，唯有當事者自己才能找到**。

只要給當事者思考的機會並慢慢等待，你不必給建議，當事者也會自發性地成長。

這麼做，對方永遠不會再啟動心防

真正重要的是第二次見面

到目前為止，我講解了在溝通初期解除對方心防的方法，也談到正確的閒聊方式。不過，我得告訴你一個壞消息。

無論第一次見面的印象多麼好，一旦第二次見面溝通不順利，你前面的努力就會功虧一簣。

第一次溝通打下的基礎有多穩，要到第二次見面才會見真章。很多人在第二次見面時搞砸，使關係回到原點。怎麼個搞砸法？難得第一次見面相談甚歡，過一陣子再見面時，態度卻過於拘謹，一副彼此很不熟的樣子。你都解除心防、拉近距離了，這是何苦？沒有意義嘛。

第二次見面的時候，你的態度應該比上一次道別時更熱絡才對。千萬不能擺出面對生面孔的態度。

只要是見過一次面的人，我都會用對待至交好友的態度與之溝通（畢竟一次見面就縮短了不少距離）。如果離第一次見面已經有一段時間，不知道該如何拿捏距離，我會將對方當成其他好友來對待。

自己不記得的時候，對方多半也不大記得，因此熱絡的態度會引發認知失調，使對方誤以為「原來我們感情這麼好啊」。當然，最理想的狀況是將對方記在腦海，而且最好向對方強調「我記得你唷」。

人都喜歡關注自己的人。

才見過短短一次面就記得清清楚楚，對方會認為「這個人特別關注我」，因而提升對你的好感。

養成記錄好習慣，培養好人緣！

「可是我記憶力不大好。」「我很不擅長記人名跟人臉耶。」你也有上述煩惱嗎？其實我也是！我在健忘這方面可是天才等級，誇張到內人都懷疑我是不是生病了呢。

以前講到這件事時，曾有人說：「可是你不是名校畢業生嗎？」沒錯，我的在校成績不錯，可是遇到需要背誦的科目就完了。考大學時，我的世界史怎麼背就是背不起來，課本讀了兩分鐘就睡著，最後決定「放棄世界史，用其他科的滿分來補救」！

健忘的我，跟傳直銷根本八字不合。我的組織每個月最多三百人入會，每天都得見新會員，這對不擅長記人名跟人臉的我來說，簡直跟地獄沒兩樣。

從那時起，我養成了一個習慣——寫日記。做傳直銷時，我寫得比較沒那麼正式，只是**每天把新會員的姓名跟基本資料記錄在筆記本上**，但對我幫助非常大。

從一個傳直銷基層會員的角度看來，在一大群人之中被上層記住，會產生一種「上層把我當成自己人」的感覺。身在大型組織之中，光是上層叫得出自己的名字，內心就會覺得深受肯定。

最強的工具——「十年日記」

如果有一個不擅長記人名的人記住你，你是不是會對他印象大加分？越是不擅長記人名的人，越應該努力去記，因為你得到的回報會越大。

「好！來寫日記吧！」想寫日記的人，我推薦你「十年日記」。所謂的十年日記，如字面所示，就是寫了十年份記錄的日記。一本日記要能容納十年份的三六五天，一年寫完再從頭寫一次。如左圖所示，同一天的第一年下方是第二年的填寫欄，再往下則是第三年、第四年、第五年的填寫欄，以此類推。

這種格式的好處在於，當你填寫第二年之後的日記時，也可以同時看到一年前、兩年前同一天的日記，每天都能看到自己這幾年來有何成長。

十年日記

日記本來就是使人生更精彩的必備工具，而這本強迫你回首過去的十年日記，更是劃時代的做法。每天翻開日記本，你都能從一、兩年前的自己身上學到新的一課。然而，缺點就是：十年份的記錄會使日記變得厚重，而且每天的記錄篇幅都有限。

不過，其實有一種附加超強功能的日記本，完美彌補了以上缺點，那就是**十年日記線上版**！既然是線上版，就不需要隨身攜帶厚重的日記本，而且筆電、手機都能開啟，零重量，攜帶方便！

此外，線上版也不像紙本有篇幅限制，想寫多少字就寫多少字，還可以添加圖片，而且也沒有十年的限制！假設從二〇二三年開始寫紙本的十年日記，二〇三三年就必須買新的日記再寫一本，導致沒什麼機會回頭翻閱第九年、第十年的日記。

線上版十年日記不必擔心以上問題，因為篇幅無限，所以儘管叫做「十年日記」，實際上卻是「永久日記」。

講到這兒，我已經開始懷疑如此對人類有益的發明，為什麼沒得諾貝爾獎？不僅如此，它還有一項強大的附加價值唷。

那就是搜尋功能。忘記事情發生在幾月幾日？沒關係，輸入關鍵字，資料立即盡收眼底。

各位有沒有這種經驗？某天遇到一個許久不見的人，卻想不起來「上次在哪裡見過面」或「上次聊了什麼」？此時，趕快在十年日記搜尋那個人的名字，就可以在見面時跟對方聊：

「上次我們不是聊過○○嗎？」

「我去了你上次推薦的○○壽司店，海膽很好吃耶。」

「上次跟你去吃的蕎麥麵真好吃，我到現在還忘不了它的味道。」

「我們上次見面是去年六月嘛！好久不見了。」

對方一聽，肯定會開心地說：「你連細節都記得一清二楚呀！」「啊，對喲！你記憶力真好！」

「沒有啦，其實我的記憶力一點都不好，只是上次跟你見面很開心，所以才記得特別清楚。」

此言一出，就不必擔心兩人的關係回歸原點了。不僅如此，你的細心還會帶給對方好印象，讓你們的第二次見面有一個更好的開始。

「我才不想拍馬屁呢。」如果你有這種想法，就要注意囉。拍馬屁是建立人際關係的基本中的基本，是為了討人喜歡而做的努力。**只拍上層馬屁會惹人厭，但是拍每個人馬屁，只會變成萬人迷**。強調自己記得對方，堪稱拍馬屁大絕招。

回想一下，自己是否曾經反其道而行？你是否在跟某個見過面的人重逢時，假裝不記得對方？或是明明記得，卻說什麼：「那時你也在喔？」

對女性沒輒的高中男生們，不要再假裝「我一點都不在意你」了。人都喜歡關注自己的人。與其說「謝謝」，不如說「感謝你平時的……」，效果更佳。

加上「平時」這兩個字，更能表現出「我平常就很關注你唷」的含意。

題外話，十年日記除了能使你的溝通更順暢，也能用來歌頌人生，可說是比任何商管書都管用的最佳書籍。

當天遇到什麼開心的事情？難過的事情？辛酸的事情？快樂的事情？將每天的情緒寫在日記裡吧。此外，你也可以將腦中想到的任何事情寫下來，當成備忘錄。寫下想法非常有助於釐清思緒，日後回味時，也能讓你更了解自己。

如果你想讓自己的溝通能力實質增強，最重要的，就是你必須成為更好的人。

若要選出一項最有助於成長的行動，毫無疑問，我絕對選擇寫日記。花時間寫日記，比閱讀任何書都有幫助；如果你沒有寫日記的習慣，請務必開始嘗試。其他習慣都可以放棄，唯有日記，絕對有一寫的價值。

內行人才知道的呼吸法：真．深呼吸

我教你一個方法，可以將「由誰來說」的「誰」瞬間提升等級。你會深呼吸嗎？很多人聽到這個問題，才發覺「啊，我的呼吸好像有點淺」，對吧？

呼吸，是聯繫「意識」與「下意識」的關鍵。控制呼吸，就是控制下意識的捷徑。怎麼說呢？請看以下的說明。

平時，呼吸是在下意識中進行的吧？不過，只要意識到呼吸的存在，就能改變呼吸的深度與長度，也能停止呼吸。在所有下意識的行為中，唯有呼吸能由我們自由控制。

像是心臟或血液，就無法如呼吸一般自由控制，不是嗎？

呼吸與下意識相連，所以一旦刻意改變呼吸，下意識的狀態也會隨之改變。深呼吸使人心情平靜，淺呼吸則使人心神不寧、心跳加快。

刻意操縱呼吸，就能控制大部分的下意識。如果你有社交焦慮症，或是容易因緊張而破音，從現在起照著我的方法做，必定能大幅改善。

這方法就是「**真．深呼吸**」。讀者不妨一邊閱讀，一邊照做唷。

「真．深呼吸」的步驟

首先，請先照著自己的方式做一次深呼吸。

吸氣……吐氣……

好了嗎？

請記住剛才的感覺。接下來，照著本書的方法深呼吸看看吧！

①首先挺直腰桿，將氣吐到底。「呼吸」一詞是先有「呼」才有「吸」，所以先從吐氣開始。人們平時習慣喊「吸氣——吐氣——」，但正確做法是「吐氣——吸氣——」才對。

好，你將氣吐完了嗎？

②把氣吐完後，先忍住想吸空氣的衝動，暫時停止呼吸。停止的同時，請留意自己的腹部。

腹部是不是正在用力，並且向內凹陷？

請繼續停止呼吸，腹部放鬆，讓肚子鼓起來。

鼓起來了嗎？先繼續停止呼吸唷。

③維持上述的狀態，再吐一次氣。結果發生什麼事？本來以為已經把氣吐完了，肚子一放鬆，卻又能吐出一些氣。如果你覺得還能再吐氣（但千萬不要勉強），請照著這步調再重做兩次（先將氣吐到底，然後再放鬆肚子吐氣）。

總共分成三次將氣吐完，請將剩餘的氣都吐乾淨喔。

④將最後一口氣都吐乾淨後，再用鼻子吸氣。

如何？是不是吸了好大一口氣？你應該發覺，這次深呼吸的深度，比第一次深呼吸好多了。

將氣吐到超過臨界點，就能吸到比平常更多空氣。反覆照著這方法深呼吸幾次，便能溫暖肺部，使你心靈舒暢。此外，這也算是一種橫隔膜訓練，想強化心肺機能的人請務必一試。

當你緊張、或快要開始緊張的時候，就照著這方法做幾次深呼吸。

人一旦緊張、呼吸變淺，就無法發揮平常的實力，而且聲音會變得微弱，帶給人不沉穩、不可靠的印象。

如果你不想讓別人看到你深呼吸，不妨用鼻子吐氣來代替嘴巴吐氣，就不會引人側目了。「呼……呼……呼……」先用鼻子吐氣三次，然後再慢慢吸氣，就能一口氣恢復呼吸的深度。

深呼吸在溝通中扮演非常重要的角色。尤其是與初見面的人閒聊時，若說「第一印象定生死」，可是一點也不誇張。

第一印象如此關鍵，結果你卻因緊張而呼吸變淺，結結巴巴地說：「你你你好，今天……天氣真好……」日後要挽救對方對你的印象，可就難了。

話說回來，也不要還沒開口就在初見面的人面前深呼吸，看起來太逗趣了，還是不著痕跡地用鼻子深呼吸吧。

真・深呼吸

①

②

① 挺直腰桿，
將氣吐到底。

② 先不要吸氣，放鬆
腹部，讓腹部鼓起。

③

④

③ 延續「2」的狀態，
反覆吐氣兩到三
次，將氣吐乾淨。

④ 用鼻子慢慢吸氣。

避開逼人啟動心防的十大雷點

只要不踩這些雷，對方的心防終究會鬆懈

避開雷點，比優秀的溝通技能更重要。一旦對方啟動心防，就很難修復關係了。在此，我將列出絕對不能踩的十大雷點。

▼一、骯髒

前面已經說過了，但請容我再強調一次。骯髒就是犯罪，臭就是滔天大罪。

事實上，就算你不臭，看起來臭臭的也是同罪。

▼二、炫耀

炫耀是一種針對他人的明確攻擊，有時造成的傷害甚至比罵人更嚴重。除非你想被討厭、想樹敵，否則請發誓永遠不炫耀。

不過，人這種生物，越是想著「不要怎樣」，越容易「怎樣」，因此不妨換個角度，「用A取代B」。

與其炫耀，不如讓對方開開心心地炫耀。我在上一本書的「創造認同的反炫耀」章節也解釋過，別爭相炫耀了，應該要爭相讓對方炫耀才對呀。

尤其是聊到自己擅長、熟悉的領域時，更要嚴加小心。

當對方說：「以前我打過棒球，別看我這樣，高中時可是隊上的王牌呢。」如果你回道：「好巧喔！其實啊，當年我也是王牌第四棒，還去甲子園比賽過呢！」那簡直是對對方的最大侮辱。

不需要說謊，但**與其說些沒營養的話，不如向對方提出問題**。

假設對方說：「以前我打過棒球，別看我這樣，高中時可是隊上的王牌呢。」如果你從高一開始就是王牌第四棒，而且去甲子園比賽過，那麼具有相關經驗的你，一定能問到重點。

「王牌的壓力一定很大，你在大型比賽之前，是什麼心情？」「你當年一定很受歡迎吧。」你可以問問這類問題，**與其炫耀，不如做球給對方，讓他開開心心地炫耀吧**。

▼三、不讓步

有些人自尊心很強、很頑固、喜歡堅持己見，對吧？這種人當然會被討厭啊。請讓步，請你發揮相讓的精神。

如果就是無法低頭讓步怎麼辦？我教你兩個方法。

第一，**提高自我價值感**。在與人談話時堅持己見，其中之一原因就是自我價值感低落。如果讓步，當事者會覺得自己被否定了。**遇到這種情況，只要找出其他讓自己感到自豪的事情（而不是關注於自己本身），就比較不會堅持己見了**。那麼，應該對什麼事情感到自豪呢？比如自己的夢想啦、想做的事情啦……等等。人的價值判斷是相對的，只要夢想越大，其他的事情就越不重要。

另一個方法，就是**改變思考的角度**。假設你自尊心高到不肯讓步，就想像自己在玩一個**逗對方開心的遊戲**，想像對方被你玩弄於股掌，如何？因為你必須以高於對方的眼界看事情，才能逗對方開心。

表面上讓步，心底卻想著「上鉤了」。如此一來，你的自尊就不會受損了吧。

▼四、給建議

有些人就是好為人師，對吧？很遺憾，只有你自己覺得「我好熱心」，九成的人都覺得「你很煩」。**除非對方請你提供建議，否則給建議就跟批評一樣令人不悅**。

尤其是閒聊的時候，請不要那麼在意「正確度」。畢竟只是隨意閒聊，正確與否根本不重要。維持良好的節奏與對方傳接球，比糾正對方重要一百倍。

▼五、聽不進別人的建議

反之，別人提供建議的時候，請專心聆聽。專心聆聽不代表「聽別人的建議去做自己不想做的事」，而是專心吹捧對方，比如：「真是讓我學到一課！」「為什麼你那麼博學多聞呀？」

如果是真正的好建議，那就照做；**如果不是好建議，你也要擺出一副「我剛剛聽了全世界最棒建議」的態度來回應對方。**

你必須讓對方開心，讓他炫耀。愛擅自給建議的人極度缺乏肯定，講客套話最有效了。

▼六、否定對方

大多數日本人都不習慣辯論之類的理性討論，因此，光是別人否定自己的意見，就覺得自己本人也被否定了。

即使對方顯然是錯的，也要極力避免正面否定對方。不僅如此，也要認同對方的意見，這點非常重要。以下列出幾句好用的例句：

- **原來如此**
- **這觀點真有意思**
- **這確實也是一種角度**

使用以上例句時，請注意自己的表情。

同一句「原來如此」，面無表情說「原來如此」，與揚眉點頭說「原來如此！」，看起來是截然不同的。既然你都打算說好話表示尊重了，就貫徹到底吧。

▼七、開場白太冗長

有些人一開口就淨扯些無關緊要的流水帳，沒人知道他到底想講什麼。被逼著聽流水帳的人，只會暗想：「這人好無聊」「這人好難聊」，進而關上心扉。

不能因為話題比較複雜就聊起前情提要，這只會得到反效果，令人煩躁。請記住：加了前情提要只會扣分。

或許有些人會感到納悶：「可是，你前面不是才講解過閒聊嗎？閒聊不就像是開場白？」

不對。閒聊是傳接球。為什麼開場白太冗長的人很雷呢？這就像傳接球的時候，對方遲遲不投球，卻講一堆什麼「我要投囉，我要投囉，可是我今天肩膀好痛喔！我平常可以投得更好，但今天大概只能發揮兩成功力吧。哎呀，真是丟人，我昨天有點操過頭了……」聽了這種話，只會想叫對方「閉嘴，快點投球！」對吧？

維持良好節奏的傳接球才是一場好的閒聊，足以開啟對方心扉；而自己滔滔不絕講個沒完，只是踩爆對方的雷點，令對方關上心扉。請千萬注意，不要自己一個人說個不停喔。

▼八、物理上的距離過遠

掌控距離感並不容易，太近不行，太遠也不行。

我的個人空間（意指自己周圍的區域，如果外人踏入這區域，會感到不悅）算廣，所以不喜歡別人太靠近，但從我眼中看來，有些人跟別人之間的距離實在遠得不自然。

舉個例子，有些人會坐在一排座位的正中央，與別人隔著一個位子；或是站著排成一排的時候，與別人隔開兩個人的距離……有時候的確必須維持社交距離，但平時與別人隔太遠，會讓對方覺得「自己被拒絕了」。

尤其是不習慣與異性相處的人，更需要注意。如果顧慮對方是異性，而與對方距離太遠，會使對方關上心扉。貼心固然重要，但也別遇到異性就過於緊張，將對方視為同性對待，反而比較有可能成功喔。

▼九、笑容不自然

「笑容不自然」的人，想不到還滿多的。

有些人想刻意擠出笑容，卻老是滿臉賊笑、傻笑、奸笑。表情不自然的人，會使對方不知道你在想什麼，因而感到不安、警戒。

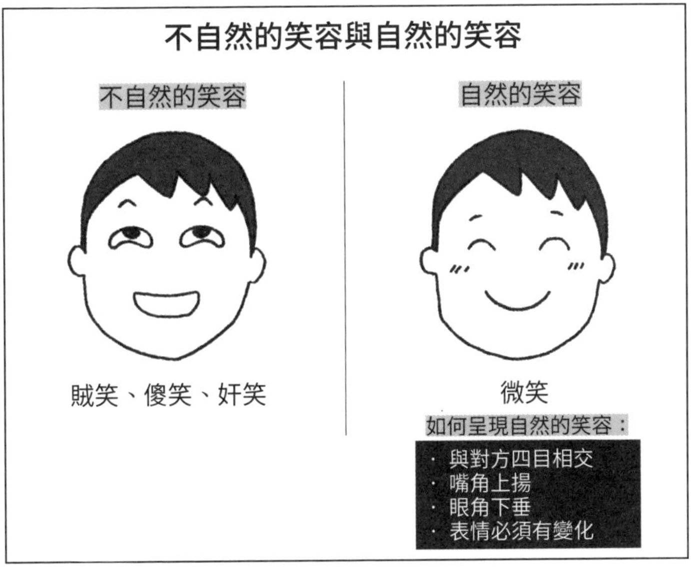

笑容確實很重要，但就像「坦率」不等於「無禮」，「微笑」也不等於「賊笑」「傻笑」「奸笑」。想呈現自然的笑容，具體而言，可參考上圖的四個重點。

掌握以上四點，實際觀察別人的笑容，更有助於學習。如果看到笑容燦爛的人，就模仿他看看吧。

想見識什麼叫做「臉上總是掛著自然的笑容」，就去迪士尼樂園逛逛吧。

迪士尼樂園的演員們，每個人都是表情陽光、開朗，沒有人賊笑、傻笑或奸笑。

▼十、聲音太小

聲音的大小看起來只是小問題，但其實很重要。不清晰的聲音，會使人產生壓力。聽不清楚還得一一回問，壓力實在很大，而如果回問了，你的聲音還是很小，對方會覺得麻煩，甚至覺得「反正他的話都聽不清楚，乾脆隨便敷衍好了」。

這樣怎麼可能相談甚歡呢？講話請音量適中而清晰，聲音太小的人多半是呼吸太淺，請按照上一節講過的呼吸法，好好呼吸。

另一方面，聲音大的人也要注意。你周遭是不是也有一個嗓門很大的人？尤其是長久旅居海外的人，更需要注意。有些國家的談天場所都很吵鬧，而有些外語則是發音有特殊腔調，講久了容易將外語的腔調帶入母語；當耳朵習慣大音量後，就很難發覺自己的嗓門有多大了。

講話大聲，與你說話的人就會很在意周遭。對方要不降低音量，希望你也識相地降低音量，不然就是過於在意周遭目光，無法集中精神對話。此外，一旦他認為「周遭的人都聽得見」，就不大會講涉及隱私的事情，導致你們的談話無法拉近彼此距離。

很多大嗓門都沒有自覺，如果你擔心自己嗓門太大，不妨問問看親朋好友的意見。

「我覺得自己嗓門很大，現在這音量ＯＫ嗎？」

「如果我講話變大聲，能不能告訴我？」

事先知會對方，如此一來，若你講話的聲音吵到其他人，對方也比較好提醒你。不僅如此，對方也會認為「這個人其實在意旁人的觀感，他沒有惡意」，不會認為你是個「白目的大嗓門」。

如果因為太在意而不敢說話，豈不是賠了夫人又折兵？壞習慣改不掉，先知會對方一聲即可。

當然，說話音量的大小也必須視場所而定。在吵鬧的地方，講話就大聲一點；在安靜的地方，講話就小聲一點。我們必須經常留意，自己的聲音是否夠清晰，或是會不會過於大聲。

第5章

隨心所欲操縱人心的誘導技巧

啟動效應

操縱對方的妄想

請容我問一個問題：你有妄想癖嗎？

如果有，也不需要感到羞恥。我們人類天生就是愛妄想，而妄想為什麼如此快樂呢？

啟動效應（Priming）剛好可以回答這個問題。

「啟動效應」在不同脈絡下有不同含意，而在心理學中，泛指「先前所受到的刺激，會對後面的行為產生影響」。

簡單說來，就是「旅行前總是特別快樂」。在實際發生快樂的事情之前，大腦光是想像，就能得到快樂。說得更極端一點，比起完全裸露，若隱若現更令人血脈賁張，這也是一種啟動效應。妄想中的快樂，經常比現實更快樂。

啟動效應在推銷與戀愛方面都非常好用。

如果你是銷售人員，不妨在顧客實際購買產品前，先誘導顧客想像買了產品後的感覺。大腦在想像中得到快樂，而顧客為了不讓這份快樂中斷，就會想購買產品。

戀愛也是同樣的道理。如果你有想交往的對象，就藉由言行舉止，讓對方想像跟你交往會發生什麼事。假如這份想像是快樂的，對方就會想實際跟你交往。

換個說法，就是「潛意識會使未來與現實混淆」。

你希望對方未來採取什麼行動，就必須先讓對方想像那項行動。這就是「思想具現化」的真面目。

務必事先卸下對方的心防，才能使啟動效應的效益最大化。在對方敞開心扉的狀態下與之溝通，就能穿越戒心與防護罩，與對方的本能（潛意識）直接對話。

此外，啟動效應也能用來控制你自己的行為。具體想像理想的未來已在現實實現，就能吸引「理想的未來」來到你面前。

講這種話可能會讓你們感到意外，但我其實不大喜歡「吸引力法則」。因為很多人都藉此來逃避現實。

當事者一面想著「絕對辦不到啦」，一面又幻想荒謬無稽的夢想，不知不覺間，反而將真心話「絕對辦不到啦」植入內心深處，引發反效果。請千萬小心。

催眠自己，比催眠別人還難。如果想藉由啟動效應來改變自己，關鍵就在於**「想像理想狀態已在現實發生」**一旦心裡產生「反正應該辦不到」的想法，你的潛意識就會聽從心聲，請小心留意。（編按：相關概念可參考李茲文化出版的《從負債2000萬到心想事成每一天》系列叢書〔作者：小池浩〕，目前已出版三集。）

我現在住在泰國，在搬過來之前，我經常想像自己移居海外的情景。我會想像自己每天早上去三溫暖，在景觀優美的游泳池邊冥想；也會想像自己透過窗户，看到什麼樣的美景。

想像久了，我的自我形象便開始往理想中的自己靠攏，待在日本反而顯得不自然了。此後，移居海外的方法與理由便接二連三浮現在我眼前，擋都擋不住！這就是妄想的力量。**妄想，可以逐漸改變自我形象**。

誘導別人妄想，也有同樣的效果。盡量誘導對方具體、寫實地反覆妄想，久而久之，**妄想成自然，現狀反而變得不自然了。如此一來，對方就會主動尋找實現妄想的藉口。**

在商業上，只要誘導顧客反覆妄想使用這項產品的情景，他就會開始主動尋找購買產品的理由。

至於戀愛，只要誘導對方想像與你交往有多麼快樂，他就會開始主動尋找與你交往的理由。

「如果您買了這項產品……」

「如果我們一起去夏威夷……」

這類假設句型在溝通中非常有效，請務必善加使用。

雙重極限理論

重點藏在第二招

無論在商場或情場，總會遇到有求於人的時候。人類天生就比較珍惜依賴自己的人。很多人都弄反了，**其實人不會珍惜一個可以依賴的人，反而會珍惜依賴自己的人**。

不過，有些人卻是怎麼求都不願意幫忙，也有些人不好意思麻煩別人幫忙。在此，我要教你一個大幅提升別人協助意願的絕招。

那就是「雙重極限理論」。

你知道雙重極限嗎？這是漫畫《神劍闖江湖》[1]當中的知名絕招，當年不知擄獲了多少中二宅宅的心，至今仍為人津津樂道。

在《神劍闖江湖》當中，雙重極限理論的簡單介紹如下：

通常，擊打物體的時候，物體會產生反作用力，而反作用力會削弱原本的破壞力。然而，在打出第一擊的瞬間立刻打出第二擊，就能完全抵銷反作用力，進而給予物體完整的傷害。善用雙重極限，就能粉碎物體。

當年，應該有很多人卯起來練習雙重極限吧？我也是其中一人。

不用說，雙重極限在現實世界不可能發生；不過，在心理世界中，雙重極限是可行的！請看以下說明。

在請求別人幫忙前，先隨便找個理由。就這樣。

只要先讓對方接受前面那個隨便編出來的理由，就不會抗拒接下來的請求了。

光是加入這個詞，就能提升撼動人心的成功率

此處所講的雙重極限與漫畫相同，結構十分簡單。

在提出請求之前，加上「～所以」一詞。

將「能不能幫我一下？」改成「我現在很急，所以能不能幫我一下？」，這樣

1 是一九九四至一九九九年日本《週刊少年JUMP》連載的日本漫畫作品，作者為和月伸宏。

就行了。不要說「要不要來我家坐一下？」，應該說「我累了，所以要不要來我家坐一下？」

理由隨便編就好。即使講出來的理由不合邏輯，經實驗證實，依然有效。

如果懶得想理由，以下我列出幾個在傳直銷圈拉人參加講座的常用句，以供參考。

- 機會難得
- 剛好現在有機會
- 趕快把握好機會

哪裡剛好？為什麼難得？把握什麼好機會？隨便，都沒差。

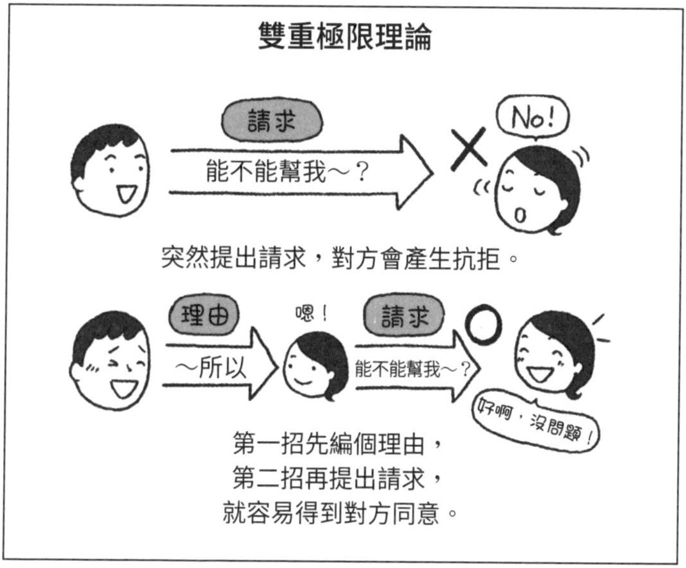
雙重極限理論
請求
能不能幫我～？
No!
突然提出請求，對方會產生抗拒。
理由
～所以
嗯！
請求
能不能幫我～？
好啊，沒問題！
第一招先編個理由，
第二招再提出請求，
就容易得到對方同意。

「機會難得，所以請撥空來參加講座吧。」

「剛好現在有機會，所以我們一起預約吧！」

「趕快把握好機會，所以報名參加吧。」

如上所示，只要加入這個詞，就能大幅提升誘導、拉人的成功率。請務必使用看看。

請善用這項技巧，多多請求協助吧。日本人多半不喜歡求助於人，不過，光是學會多加請求協助，很多人的人生應該就會變得輕鬆一點。

此外，我在本節開頭也說過，善於依賴別人的人，比善於照顧人的人更受喜愛。如果對方答應你的請求，記得好好感謝對方，讓對方好好寵你。如此一來，必能鬆懈對方的心防。

強誘跑陣理論

擋住去路，控制對方的行動

有些人比較難纏，即使你使出雙重極限理論，依然無法卸下心防，戒心滿滿。此時，就運用「**強誘跑陣理論**」吧！所謂的強誘跑陣（Run Force），就是擋住去路，以控制對方路徑的美式足球技巧。

提到美式足球，有些敏銳的讀者應該已經發現，這是熱門運動漫畫《光速蒙面俠21》[2]的招式。有些人可能覺得「漫畫的例子也太多了，好煩喔」，不過我絕對不是在開玩笑。

2 日語：アイシールド21，是一部以美式足球為題材的漫畫作品。由稻垣理一郎擔當原作，村田雄介負責作畫，於《週刊少年Jump》連載，於二〇〇九年完結。

名字的衝擊力越強，越能在腦中留下深刻印象。這也是我在傳直銷圈指導後進時所學到的技巧，希望能藉此幫助讀者記憶。

言歸正傳，將強誘跑陣理論運用在溝通中，會產生什麼效果呢？所謂強誘跑陣，就是將你不希望對方走的路徑擋起來，進而誘導對方走你想要的路徑；換言之，就是**將對自己不利的負面詞彙搶先說出口，引導話題的走向**。

若以傳直銷來舉例，就是在談生意之前，先講出對自己不利的回應。

「前陣子有人說想聽我介紹，所以我就特地告訴他這門生意的運作模式，結果明明是他自己要聽的，卻跟我說什麼『聽起來很可疑』！你不覺得很沒禮貌嗎？那一開始就不要問我嘛！」

對方一聽，就會回答：「真的很沒禮貌耶。我絕對不會那樣，告訴我吧。」

歷經這番對話，不大會有人聽完介紹後還說得出「我覺得怪怪的」。反之，**故意留下質疑的空間，進而誘導對方，也是一項可行的戰術——故意讓對方問一些無關緊要的問題，接著搬出預先準備好的完美答案，就能解除對方的疑慮。**

以傳直銷為例，我們在說明生意模式時，反而不會具體說明如何拉下線。說到一個段落後，我們會問：「大致上就是這樣，有沒有什麼問題？」因為聽者並沒有聽到具體做法，所以九成會問：「聽起來好像挺猛的，可是我做得到嗎？」此時搬出預先準備好的完美答案，就能深深得到對方的認可。

與其最初就得到解釋，人們更傾向認可自己發問之後得到的答案。因此，毫無質疑空間的完美解答或許可以在學校測驗拿滿分，但在商場上，卻不一定是最佳做法。

預先擊破不利的回應，誘導對方提出對自己有利的問題；若能辦到這點，談生意的成功率肯定大幅提升。

叢林巡航理論

兩人同心超重要

假設你已熟讀本書，並運用諸多技巧，成功邀請異性約會。你已事先去約會勝地場勘過，也訂好了兩人能斜對而坐的位子。

然而，去約會勝地場勘過的男性，容易犯下一個致命的錯誤。那就是擺出一副「這我很熟」的樣子。

女性：「這是什麼呀，我第一次吃到耶！好好吃喔！」

男性：「對吧？其他店可是吃不到的喔！」
女性：「這裡好漂亮唷！裝潢好時尚。」
男性：「因為這裡的設計主題是八〇年代的法國啊。像這幅畫……」

你是不是也講過類似的話？大家都知道自鳴得意很討人厭，而得意洋洋的口吻，一樣討人厭。傑尼斯與傑尼斯系男子不同，但雙方都同樣受歡迎；〇〇風、〇〇系的人事物，經常得到與本尊同樣的評價。

別人正在感動，而你卻急著展現優越感，簡直就是當頭潑冷水。

我在前面章節說過，兩人的座位不應該面對面，重點在於視線的方向要一致；這點不只是談身體方位，也可套用在心靈的方向。**請與對方站在同等立場、做出同樣的回應，展現認同。**

方才的失敗案例，可以這樣修改：

女性：「這是什麼呀，我第一次吃到耶！好好吃喔！」

男性：「哇噻！真的耶！超好吃的！（這是我第一百次這樣說了）」

女性：「這裡好漂亮唷！裝潢好時尚。」

男性：「氣氛真好，裝潢好漂亮！（那當然啊。這裡的家具全都是老闆從國外帶回來的，人家可是頗有堅持呢。天啊，超想講的。我好想大聊古董經，但我要忍住！）」

簡而言之，**當對方對「第一次的體驗」大受感動時，你也要裝作自己是第一次體驗。事先去約會地點場勘固然有效，但千萬不要洩漏你「已經來過了」**。

「可是這樣做，我就得不到樂趣啦。」這位讀者，你說的沒錯！「自己不樂在

兩人同心超重要！

這家店好棒喔。
那還用說，這家店可是……
這家店好棒喔。
真的耶！氣氛好棒！

不能擺出得意、優越感、「這我很熟」的態度

想像自己與其他參觀者一起欣賞畫作

與對方站在同等立場、做出同樣的回應，展現認同。

其中，對方也得不到樂趣」是騙人的，實情是，你只要快樂地看著對方樂在其中，就可以了。

你搭過迪士尼樂園的叢林巡航嗎？擔任嚮導的工作人員會說：「哇！河馬來襲！平時很乖巧的河馬，今天突然性情大變！」「我們誤闖獵頭族的部落了……聽說看過他們舞蹈的人，沒有一個能活著回去……」正是因為他們說的話天馬行空，所以才令人覺得刺激、有趣，對吧？

假如嚮導說的是：「現在我們要穿

越獵頭族的部落，請各位不要緊張。我前後已經差不多穿越一千次了，一點都不危險唷。」聽了這種話，你只會想翻白眼吧。

越是經驗老道的嚮導，越會裝出首次體驗的模樣，反應比乘客還誇張；這才是搭乘叢林巡航的樂趣所在，不是嗎？

題外話，從前單身時，我曾經連續三天與不同女性去迪士尼樂園約會，而且三天都是同樣行程。我個人覺得第三天最難熬，但第三天約出來的女性反應最熱烈、最開心。當時，我覺得自己好像用整個迪士尼樂園進行了一場叢林巡航。

因此，我將這項理論命名為叢林巡航理論。

同鍋飯理論

一秒讓對方覺得：跟你在一起好安心！

在此，我要傳授另一招約會必勝絕招。

那就是一起吃飯。最好是兩人吃同一鍋飯。

你們還記得前面講過生物可以靠本能感應到安全感吧？「吃同一鍋飯」之所以有用，理由有二。

第一，對方會感覺到你們的飲食喜好相同。對方的本能會告訴他：「跟這個人在一起，就能提高獲得食物的機率。」

另一項理由，則是讓對方的本能知道「這鍋飯沒有毒」，使對方感受到安全感。請不要說：「誰會下毒啊！」因為我現在談的不是邏輯，而是談人類的本能。人類的本能，從古至今都沒有進化。

基於以上兩項理由，與對方吃同一鍋飯，對方就會感受到安全感，進而認定你為夥伴。

具體而言，**我建議挑選火鍋、涮涮鍋、什錦燒、文字燒**這類餐點。尤其是火鍋需要彼此幫忙挾菜，而人只會幫夥伴挾菜，不會幫外人挾菜，因此會引發認知失調，加深對方與你之間的同伴情誼。

如果你是大學生，就狂開火鍋派對或章魚燒派對吧！容易準備、食材便宜，大夥兒圍在一間房間的小桌子旁邊吃同一鍋菜，眾人之間的物理距離不僅變近，而且當然也會喝酒囉。我真想回到過去，教教大學時代的自己啊。

峰終定律

結尾決定一切

本定律與麥拉賓法則，堪稱溝通教學必定會出現的主題。

如果你是我的老觀眾，應該對本定律已經倒背如流了吧？這在我所傳授的所有心理效應中，算是出現頻率最高的前幾名。

所謂的峰終定律（Peak–end rule），就是「**最容易在人心中留下深刻印象的，是巔峰與結尾**」。巔峰當然令人印象深刻，而你需要注意的是結尾。最後的最後，才是最重要的。

無論約會過程多麼愉快，一旦最後吵架或氣氛變尷尬，一切就泡湯了。反之，即使最初約會遲到惹怒對方，只要最後的氣氛是好的，肯定還有下一場約會。

因此，**禮物就等到最後再送吧**。

在一整天的約會之中，請避免前面卯足全力、最後疲軟無力的情形。看完浪漫的夜景後，如果去家庭餐廳吵架，簡直糟糕到極點。

考量到峰終定律，迪士尼樂園的東京迪士尼海洋正是最佳地點。白天是歡樂明朗的氣氛，夜晚燈光一亮，便自動切換成美妙的氣氛。如果是去約會，記得將浪漫的遊樂設施留到最後再搭喔。

具體而言，我個人推薦的其他約會終點行程是「小飛俠天空之旅」與「幽靈公館」。兩種設施的雙人座距離都很近，而小飛俠的夜景很美，幽靈公館則是載具傾斜的時候，兩人的姿勢會很像睡在一起。

再聊一點深夜話題。俗話中的聖人時間，真是糟糕到不能再糟。我也是男人，我了解那種心情，但在聖人時間進入聖人模式，是愚人才做的事情。能在聖人時間扮演好小丑，才是男人真正的價值所在。

如同我在叢林巡航理論中所說的，為了讓對方快樂，必須當一個願意用理性按捺自我欲望的人。進入聖人時間，你更應該從聖人變成玩咖。

不要「賣」，要「審核」

懂得挑人，就能提升成交率

既然前面都談戀愛，這次就來談推銷的訣竅吧。話說回來，推銷跟戀愛其實很類似。

首先，請你記住「賣東西＝受人喜愛」。

抗拒做業務的人，多半認為「賣東西＝被討厭」。追根究柢，就是對自家產品沒信心。如果是由最棒的自己來賣最棒的產品，當然只會認為「做業務＝受人喜愛」囉。

假如上述的前提成立，那麼業務員的行為準則就不是「誰買都行，快來買我的東西」，而是「由我來審核客户」。**由業務員來審核客户，只賣給能對產品心滿意足的客户**。

這年頭，獨一無二的產品可說是少之又少，各品牌總是用類似的產品相互競爭。在那麼多品牌之中，最能滿足客户的並非品質高低，而是調性適不適合。千萬不能便宜行事，騙客户說「反正都差不多啦」，硬把產品塞給人家。這樣只會降低客户滿意度，換來客訴而已。

你必須藉由溝通，來審核眼前的客户是不是真的適合這項產品。**如果抱著「推銷」的心態，就會變成一場無視客户存在的簡報；懷抱「審核」的心態，才能仔細觀察眼前的客户**。

仔細觀察，你就不會滿腦子只想著「絕對要推銷出去！」或「絕對要讓這個客户喜歡我！」，而能自然放鬆，懷抱平常心。你懷著平常心，對方的戒心自然也會鬆懈。

重要的是，你必須仔細檢視：「這個人，真的是我想要的客户嗎？」觀察對方的反應，看看他在溝通過程中的情緒變化。如此察言觀色，你就能輕易掌握眼前這位客户的心緒。

附帶一提，「審核」一詞聽起來有點高姿態，因此如果你對自家產品沒有絕對的自信，就沒有資格審核別人；換句話說，你在客户眼中，必須是一名滿懷自信的可靠業務員。

此外，由於你在傾聽客户需求時，關心的是「客户用了這項產品後，真的會感到滿意嗎？」，因此客户自然也會想像自己使用該產品的情景。

一旦腦中浮現自己使用產品的影像，便會引發「稟賦效應」[3]（Endowment effect），使客户變得非常想擁有那項產品。

當然，即使客户想要，只要你審核後認為此人不適合，就不應該賣。唯有確定客户購買後能得到滿足，才能將產品賣給客户。

如此一來，你的客户滿意度就會自然提升。身為一名心理教練，我也是嚴格審核客户；不僅請他們填寫麻煩的表格，還必須一對一面談。無論對方多麼想來上課，只要沒通過我的審核標準，一律不接。

結果呢？我的客户滿意度極高，許多人主動延長課程，甚至還介紹親朋好友來找我，因為他們希望自己重視的人也能受益。多虧客户們口耳相傳，我完全不需要招攬客户，即使不買廣告、發影片，也時常堂堂爆滿。

3　由諾貝爾經濟學獎得主理查・塞勒（Richard H. Thale）於一九八〇年提出，泛指當一個人擁有某項物品的時候，容易高估這項物品的價值，變得不想失去它。

養成這三個習慣，最強心理效應就會主動來幫你！

只要是喜歡心理學的人，一定都知道「互惠原則」。我前面說過「這年頭，強大的心理技巧，轉眼間就人盡皆知了。」[4]從認知度[5]看來，各位應不難想像，互惠原則有多麼強大。

我在第二章也稍微提過，互惠原則就是「對方對我好，我也會想回饋對方」。我想，應該所有人都知道吧。

然而，「知道」不等於「懂得運用」。你善用互惠原則了嗎？

「別急，我想到的時候就會用了啦」這樣太可惜了！心理學中認知度最高的心理效應，就是最強最猛的心理效應。不好好用個徹底，簡直就是自己的損失嘛。

在此，我要分享自己平常的三個習慣。很簡單，只要養成這三個習慣，你就能從互惠原則中得到最大利益。

一、消耗性的伴手禮，看到就要買！

禮物真的很好用，可以說「禮物＝解開心防的鑰匙」。話說回來，**你一個月送幾次禮呢**？可能會有人說：「別說一個月送幾次了，我連一年有沒有送到一次都不知道呢。」

對不習慣送禮的人而言，實在很難平白無故送人禮物。玩過電玩的人應該知道，送禮可以增加角色的好感度。你是不是認為：「哪有那麼簡單……」「電玩跟現實哪能比啊？」事實上，人心就是那麼簡單。

4 作者在此引用了本書第一章的句子，但是將「真正實用的知識」改成「強大的心理技巧」，譯文照實呈現，非誤譯或用詞不統一，特此說明。

5 認知度與知名度不同，認知度代表大眾不只知道其名，也了解其內容。

照三餐送禮，就能提升對方的好感度。在互惠原則的作用下，你送禮送越多，得到的回饋也越多。很簡單，但這就是真相。

然而，你只能送對方收了會感到開心的東西。你聽了可能似懂非懂，那我換個說法好了。只要送的是不會造成對方困擾的東西，就能提升好感度。

那麼，什麼禮物會造成對方的困擾呢？就是太貴的東西、占空間的東西、以及不自然的東西。除此之外的禮物，送越多就越賺。

所謂「不自然的東西」，就是送禮原因難以理解的東西。不熟的人突然送禮，受贈者可能會覺得：「該不會有企圖吧？」「感覺怪詭異的。」

這種時候，伴手禮就很好用了。「前陣子我剛好去〇〇玩，所以順道買了這個。」送禮時加上這句話，此舉就變得名正言順，對方也會欣然接受。在特定地點才能買到的東西感覺比較珍貴，因此小小的禮物，也能發揮大大的價值。

因此，一看到伴手禮，就要馬上買下來。就算你一時不知道該送誰，也要買下來。只要你活著，就一定會認識人，所以先買起來，再隨意送給日後認識的人就行了。一旦養成這個習慣，你的人際關係好感度就會自動上升。

那麼，哪些伴手禮最安全，不會造成別人的困擾？

食物大致上不會出錯。當然你不能送甜甜圈給正在減肥的人，如果你周遭的人正巧都在節食，就送不會造成罪惡感的果乾吧。我現在住在泰國，所以每次回日本時，逢人就分送大量芒果乾。

其他像是護手霜、浴鹽之類的消耗品也不會出錯。除了女性喜歡之外，現在也有很多女子力很高的男性，他們收到也會很開心。如果是送給有家庭的人，可以說：「如果你不喜歡，可以轉送給太太。」接受度通常都很高。

只要我在伴手禮區看到甜點、果乾、護手霜之類的東西，一定會多買幾個。我會估算最近預定見幾個人，然後多買三～五個（人數＋3～5）。

買甜點時，除了大家必買的「博多通麗門豆沙饅頭」之外，不妨也買些「自己平時不會買，但有點特別」的東西。例如當地限定的嗨啾軟糖、當地限定的牛奶糖，看到就買一、兩個，可以用來當作隨意分送的小點心。

嗨啾軟糖很好用，你不僅可以輕鬆送給初見面的人，還能用來當成閒聊的話題（「前陣子我去〇〇玩喔。」）。就算送不完，自己吃掉就行了，買了絕對不吃虧。

二、用手機記錄別人的生日

「我是個不旅行的人，根本沒機會送伴手禮嘛。看來送禮戰術跟我無緣了。」如果你這麼想，我罰你接下來這個月都不准喝水，只能喝用檸檬牛奶（栃木縣的必買名產，乳製品，味道非常獨特），好好反省一下。

除了伴手禮，還有一個能自然送禮的機會。

那就是生日。誰生日近了，就送他禮物吧。

「可是我很不擅長記別人生日耶。」我懂，我真的懂！我也不擅長記別人生日，我連父母的生日都記不起來。不過，我每年都會送人生日禮物。

祕訣就是：「用手機記生日」。我將父母的生日記在行事曆上，因此即使我不記得，手機也會通知我，逼我想起來。

只是，如果把所有人的生日都記在行事曆上，就會連不熟的人也記上去，導致行事曆的字變得密密麻麻。「祝你生日快樂！」假如不熟的人突然送你生日禮物，你也會覺得很尷尬吧。

此外，在對方生日當天才收到行事曆通知，有時會來不及送禮。一般而言，除非是男女朋友，不然晚幾天送生日禮物也無傷大雅，但你應該會想提前幾天準備某些人的禮物。

此時，**更改LINE的好友名稱**就對了！你知道可以在LINE任意更改好友名稱嗎？更改後的名稱只有自己看得到，所以你也可以把討厭的前輩改名為「資本主義的豬」，不用怕漏餡。

知道對方的生日後，請立刻將生日加在對方的名字後面。例如西鄉隆盛的生日是一月二十三日，你就把好友名稱改成「西鄉どん1/23」（註：西鄉どん是西鄉隆盛的外號。）。如此一來，你用LINE的時候就會看到對方生日，因而注意到：「喔！這個人生日快到了！」

至於有交往對象或已婚的人，因為你絕對不會忘記對方生日，所以可以在名字旁邊加上紀念日的日期，例如邂逅的日子、交往紀念日或蜜月旅行紀念日。人都會對記得自己的人有好感，因此在生日以外的日子製造驚喜，一定能讓對方感到開心。

三、善用LINE禮物

「生日當天才看手機知道誰生日，根本來不及準備啊。」

「我工作太忙，實在沒時間跟人見面。」

如果現在還有人說這種話，我罰你從今天起不准喝水，一整個月都只能喝「拿掉牛奶」的檸檬牛奶，好好反省一下。

你知道LINE禮物嗎？那是一種用LINE來送禮的服務，只要點下LINE App的「禮物」圖示，就能看到詳情。

LINE禮物超級方便。無論是價值數百圓的哈根達斯兌換券、星巴克兌換券，或是要價一萬圓以上的甜點或酒，都能幫你配送。配送地址是由LINE禮物接收者自行輸入，因此即使你不知道對方的地址，也能送禮。

此外，送禮時還能附上訊息。不好意思直接道謝的人，透過這套系統，就能大方傳達訊息了。

經常見面的人，就當面送上伴手禮或生日禮物；沒機會見面的人，就用LINE禮物送禮。這就是善用「互惠原則」與「系統化」的人際關係術！

不信的話，請你現在立刻闔上書，回想一下最近誰幫過你，用LINE送禮並附上一句「謝謝你一直以來的幫助」。相信不只對方開心，送禮的你，也會感覺到滿滿的幸福。

購物的幸福感會在購買當下達到顛峰，之後隨著時間減少；反之，將錢花在物質以外的地方，幸福感卻會隨著時間而增加。如果養成送人禮物的習慣，你的幸福感就會年年上升。

更重要的是，你將成為一個經常收到禮物的人。有些東西自己買了沒感覺，但從別人手中收到就是開心。送禮的習慣不僅能使他人喜悅，也是一種令你自己得到幸福的投資。

善用認知失調，生人一秒變熟人！

讓你跟別人一秒變熟的終極絕招

在本章最後，我要分享自己愛用的一招，一秒就能與別人變熟！做法非常具體、簡單，無論誰都能輕易上手，效果極佳。不過，有個壞消息是：這個方法比較適合男性，女性恐怕不易使用，還請諒解。

究竟是什麼方法呢？那就是裸裎相對。

我經常跟初見面的人一起上澡堂。現在與我維持見面習慣的朋友，九成都在第一次或第二次見面時，就與我去澡堂裸裎相對。

裸裎相對有五大好處。

第一，引發「認知失調」。

從「肝膽相照」「推心置腹」這些成語可得知，**人在警戒的對象面前，會藏起自己身體的一部分**，而裸裎相對則是相反的行為。人只對信任的對象裸露，換句話說，一起到澡堂裸裎相對，會引發認知失調，使雙方信任彼此。這可說是最強的王牌啊。

如果是泡溫泉，身體一放鬆，心情跟表情也會跟著放鬆。即使雙方是第一次見面，在如此放鬆的情境下，也能跟從小到大認識的好友一樣，從小事聊到大事，無所不聊。

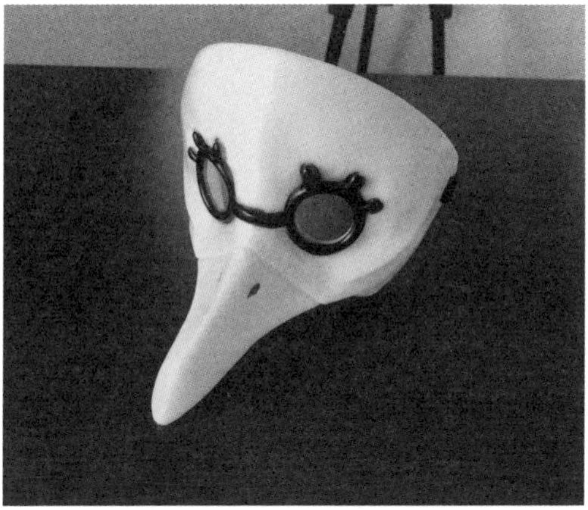

第二，可以一起吃苦。

可能會有讀者想吐嘈：「可是我一點都不想吃苦啊！你是變態嗎？」不，雖然我戴著這種面具（見上圖）做YouTube，但我不是變態喔。常言道：「同甘共苦」，**一同吃苦的人，會產生一種革命情感**。

不過，在日常生活中，與人一起吃苦的機會並不多。這種時候，就該去三溫暖！與人一起去三溫暖，先一起吃點輕度的苦頭（烤箱），接著再去泡冷水浴、休息……做完幾組循環後，從痛苦到快樂的過程，你們都一同體驗過了！

有些男性不知道在烤箱該注意些什麼，也有人不知道正確的冷水浴泡法，此時你若能教他們正確做法，他們一定會很開心。

第三，身體會變健康。

經常喝酒交際應酬很傷身體，而有些人則是工作忙到沒時間去運動、流流汗。透過溫泉跟三溫暖來交朋友，就能一舉解決上述問題。

每次跟朋友去泡溫泉、三溫暖，你都會越來越健康，而且泡著溫泉聊公事，聊起來一點都不累人。而且，誠如古人說的：「三上」（馬鞍上、枕頭上、廁所上）是最適合構思的地方，越是放鬆的時候，腦中越容易浮現好點子。

東京很流行三溫暖包場。其他客人在的時候，高聲談話很沒禮貌，但是包場就不必擔心吵到其他客人，而且也能聊些比較隱私的事情。

第四，可以檢查其他人有沒有反社會傾向。

我是半開玩笑啦，不過確實可以藉此檢查彼此有沒有刺青。我完全不認為有刺青＝壞人，但是日本很多凶神惡煞身上都有刺青，這也是事實。尤其我以前做過傳直銷，不了解傳直銷業界的人可能會懷疑「這個人搞不好有反社會傾向」。像我這類型的人，如果身上有刺青，你們也會覺得怕怕的吧？彼此裸裎相見，就能解除這項疑慮了。

第五，很好約。

溫泉與三溫暖不挑人，誰都能約。其實，約到志同道合的人是很難的。約打球，有經驗的人跟沒經驗的人很難一起玩；約看電影，又不是每個人的觀影喜好都相同；約唱歌，人長大後就很難約唱歌了；約喝酒，不喝酒的人要怎麼約？

大人之間的交際行為，難就難在除了約吃飯之外，幾乎沒什麼選項。就這點看來，泡溫泉與三溫暖沒有經驗的差異，新手跟老手都能泡得愉快，這世上還有比溫泉與三溫暖更適合用來作為共通興趣的活動嗎？

因此，約三溫暖不用怕失敗，而且一旦約成功一次，幾乎所有人都還想再去第二次。就算是從未去過三溫暖的人，也有九成機率愛上三溫暖，從此跟你變成三溫暖之友。這一招，簡直強到極點啊。

此外，你也可以蒐集幾個不為人知的好地點，再分享給三溫暖與溫泉愛好者，他們一定會很開心。一群喜愛三溫暖的同好互相分享好地點，就像是彼此共享同一個祕密。共享祕密會引發認知失調，增進彼此的情誼；在「認知失調」的相關技巧中，可說是相當強大的一招。

我在書末附贈了一項小禮物，裡頭集結了我個人推薦的日本各地三溫暖，請各位務必逛逛。（編按：這是本書於二〇二三出版時的日本活動，現在不一定適用。）

第6章

磨練自己，獲得撼動人心的影響力！

如何磨練「由誰來說」的「誰」？

最後一章的主題並沒有即效性，但是非常重要。

我要教你磨練「由誰來說」的「誰」。

說得極端點，「由誰來說」決定了一切，因此只要你成為「能突破心防的人」，即使不使用任何解除心防的技巧，任何心防都將潰不成軍。

年薪一億日圓的人與年薪三百萬日圓的人，差別在哪裡？

你的人生中，有什麼巨大的目標嗎？

磨練「由誰來說」的「誰」，最有效的方法，就是「設定目標」。

人都會被朝目標努力的人所吸引。

想成為有魅力的人，你必須挑戰某個目標（時態為現在進行式）。

請回想一下學生時期。學生時期，比起那些追著女孩子跑的男生，每天努力練習、夢想著打進全國大賽的運動健將，是不是桃花更旺呢？

「教練學」有一句老話，那就是**人的能力並非取決於天分與努力，而是取決於你的目標**。

年薪一億圓的人比年薪三百萬圓的人多賺了三十倍以上，卻不代表前者的能力比後者多出三十倍。

追根究柢，人與人之間的能力差距，根本不可能多達三十倍。若以智商來代表人的智力（事先聲明，這只是一個指標），未滿七十是智力障礙，那麼非智力障礙者的最低標準就是七十。反之，說到高智商的人，東大生的平均智商是一百二十左右，而超過一百三十的人，就是俗稱的天才。

那麼，年薪一億圓跟年薪三百萬圓的人，差別在哪裡呢？

努力的人賺得比較多嗎？不對。若要比辛苦，年薪三百萬的人在工作上所付出的辛勞，比年薪一億的人多得多；說到工時，多半也是年薪三百萬的人工時比較長。

在此先不討論「努力的定義是什麼」，很顯然，年薪三百萬的人在精神與時間層面，都付出了比較多的成本。

很多人隱約都知道這項事實吧。有錢人做喜歡的工作、每天過得開開心心，想出去玩就出去玩。

我出社會後，最辛苦的時期也是剛畢業進公司那段時間。第二辛苦的時期是做傳直銷那幾年，而最輕鬆、收入最多的時期，則是現在。

剛畢業當上班族的時候，每個月都加班一百小時左右，年薪卻只有三百萬圓。工作一點都不有趣，整間公司遇不到一個好同事或好主管。有時候我真的打從心底不想上班，只好將車停在停車場，然後在車內發呆三十分鐘才出去。

每天加班結束後，我的胃口也沒了；不過人總得吃點東西，因此我會去牛丼餐廳點牛丼，將七味粉撒得滿江紅才入口。因為不辣就食不下咽。可是我又不大能吃辣，所以吃完就肚子痛，隔天早上帶著消化不良的不適感上班。

改做傳直銷後，我工作三百六十五天全年無休，但是比當上班族快樂多了，壓力也減輕不少。年薪最多大概將近兩百萬圓吧。

而現在呢？工作一點都不辛苦，反而快樂得不得了。我的原則是「如果這份工作的好玩程度比不上玩樂，那就不要做」，因此工作起來當然比玩樂還開心囉！

不僅如此，我的時間也變得比小時候更具彈性。現在我只在早上辦公，因此幾乎一整天都很自由；但其實仔細一算，我一個月裡大概有半個月不上工，收入卻比做傳直銷時多得多。

這並不是因為我很特別。我現在的朋友，收入幾乎都比以前傳直銷圈的頂級階層還多。

然而，當中沒有一個人忙著工作。約他們出來玩，多半不會拒絕我，而且每個月都有幾個人會來泰國玩，我也幾乎每個月都出國玩。

人與人之間的差距，是從幾歲開始出現的？

怎樣才算有天分？看你注重哪個時期

「那是因為你有天分，交的也都是些跟你一樣有天分的朋友，有什麼好得意的啊。」

好，接下來要講重點囉。評論一個人有沒有「天分」的時候，應該看他的哪一個時期呢？當然，如果只看現在，我跟我朋友的年薪確實遠高於平均值，也能自由運用時間，在世人眼中應該算是「有天分」吧。不過換個時期來看，可就不一定了。

就拿學生時期來說吧。現在跟我交情好的人，只有少數人在校成績很好，而說到學歷，多達半數都是只有高中畢業，或是三流大學畢業的。幾乎沒有人在學生時期就創業賺錢，也幾乎所有的人都是畢業後先當上班族，就算自立門戶，也會經歷一段收入比同齡上班族還低的時期。

「真正有天分的人」，應該是指生來就事事順遂的人吧。**如果擷取人生不順遂的時期來評斷，那我跟我朋友，在世人眼中應該都是「沒天分的人」或「魯蛇」**。

不是我自誇，我在當上班族的時候可是廢到爆呢。我的文件每天都出錯，而且還中了一開會就中「拉裡霍瑪」（高機率催眠多數敵人的咒語）的詛咒，照三餐打瞌睡。在同時期進公司的人之中，我是最常挨罵的。

此外，我並不是天生就很會唸書。我的國中位在超級鄉下的地方，學校根本沒人想參加升學考，國三之前的成績頂多算中上，最後拚命考進當地首屈一指的升學高中。別人都說：「聰明人讀公立國中，不用唸書也可以考滿分。」（譯按：日本與台灣相反，私立學校遠比公立學校受歡迎。）但這種事完全跟我無緣，我只是個拚命擠進窄門的凡人而已。

而且，我身體虛弱、運動能力也不好，從現代的眼光看來，我的發展遲緩差點就要被列為身障了。還記得讀幼兒園的時候，因為我跑步實在太慢，不能跟大家在同樣的起跑點起跑，所以老師讓我先跑半圈，其他人才起跑。

於是，我就成了大家霸凌的對象。同學推倒我，導致我肩膀脫臼、撞到頭破血流，縫合的地方再也長不出頭髮，結果同學又因此霸凌我。從小學到高中，我一直都是體弱多病（甚至還住過院），因此上體育課真的很痛苦。

簡言之，我從出娘胎到二十歲，不僅讀書成績普通、運動神經超爛，而且連當個上班族都當不好，天生的條件比一般人還差。

直到我遇見某某課程，從此改變我的一生……高價課程常使用這種套路，但我講這番話並不是為了賣你們高價課程。我只是實話實說而已。

只有目標，能決定你的能力

改變人生，不需要購買高價課程。應該說，想靠著買課程來改變人生，這心態本身就是錯的。

你只需要改變「目標」，就能改變人生。

為什麼我現在能過著自由自在的生活？因為自由的生活就是我的目標，僅此而已。

是不是有人心想：

「我也想賺大錢啊！我也想出國玩，也想開名車！」

不過，你就是懷著這樣的目標，年薪才會只有三百萬圓。

你以為年薪一億圓的人，目標是「賺大錢、開名車、出國玩」？怎麼可能。因為他們已經賺了很多錢、開著名車，而且也有能力出國玩啊。只有賺不到錢的人，才會整天想著「我想賺錢」。

「想賺錢」這個願望，會將「賺不到錢的現實」深植於潛意識中。簡言之，你想走的方向，與你的目的地恰好相反。

實現目標的人有什麼共通點？唯一能肯定的，就是他們談論目標時，像是在談論「已經開始實現的某件事」。賺得到錢的人不會想著「我現在缺錢」，而是想著「我正在賺錢」。

鈴木一朗[1]跟本田圭佑[2]的小學作文，可說是人盡皆知。他們不只寫「我想當職棒選手！」，而是連「變成職棒選手之後想做什麼事」都寫得非常具體。

小學生的寫作能力當然比不上大人，他們當時用筆墨所形容的願景，說不定只是腦海中的一小部分藍圖罷了。

即使如此，也成了令大人嘖嘖稱奇的文章。

換句話說，在年少的鈴木一朗與本田圭佑心中的願景，遠遠比那篇作文更加恢弘；那篇作文，只是其中一小部分。

當然，鈴木一朗與本田圭佑都具有傲人的天分，但每個人也都認同，他們不是只靠天分達成今日的成就。運動神經與他們同樣發達的人，有幾個人能付出跟他們相同的努力呢？

告訴你一個好消息。當你想著「我要度過理想的人生」時，其實九十九%的人都不需要任何天分，也能度過自己想要的人生。

如果你的目標是當上職業頂級運動員，那就另當別論了。不過，我想本書讀者多半是成年人，認真想打進大聯盟的人，應該不在我們的讀者年齡區間。

至少，如果你的目標是「靠著做喜歡的工作賺錢，而且收入是日本平均年薪的五倍、十倍」，是不需要天分的。很簡單，你只需要依據目標，改變運用時間的方式即可。

請改掉「如果能成真該多好」的想法，而是抱著「實現才是對的！不實現才奇怪！」的心態，朝著目標前進。你是不是心想：「哪有那麼簡單……」那是你的潛意識在抵抗，是你的心防。請你卸下心防。如此一來，你就能改變運用時間

1 Ichiro Suzuki，日本前職業棒球選手，曾效力美國職棒大聯盟西雅圖水手、紐約洋基、邁阿密馬林魚等球隊，保有大聯盟單季最多支安打紀錄，以及連續十球季擊出二百支以上安打的金氏世界紀錄。

2 Keisuke Honda，日本著名足球運動員，曾效力多支世界級球隊，也為日本國家隊立下汗馬功勞，以獨特技術、領導力和多才多藝的球風聞名。

的方式，周遭也會自然出現幫你加油的人。

這樣做，人人都想支持你！

從前我可說是超級體弱多病，如今我卻很喜歡運動。我每天上健身房，也很喜歡打網球跟泰拳。我練習泰拳的時候抱著一個目標，那就是總有一天要站上擂臺，打贏真正的泰拳選手。

不知道是不是上天回應了我的呼喚，奇蹟發生了。某天我一個人練到很晚，有個肌肉男忽然向我搭話，說要教我泰拳。「我教你一下。只要五分鐘，可以嗎？」結果他足足教我半小時以上。此人光看體格就非比尋常，而他示範的動作，比我看過的任何人都敏捷有力。

因此我問：「你該不會是職業拳手吧？如果你有開教練課的話，我想買課程。」結果他竟然說：「豈止職業拳手，我可是世界拳王呢。我沒有收錢教人打拳，只是看你一個人挺努力的，以後有空的時候可以教你。要不要交換一下LINE？」「真的假的？欸，真的假的啊！」

他並不是看到了我的潛力，或許只是覺得日本人打泰拳很稀奇而已。

然而，在那麼多練習的人之中，世界拳王特地向我搭話……如果我只是在安全範圍內打個意思意思，拳王應該不會注意到我。

我想，一定是拳王看得出來誰打泰拳只是想減肥，誰打泰拳是真的想變強，所以才會撥出寶貴的時間教我。

如此這般，你的目標越遠大、越具體，就越容易遇到支持你的人。看到努力的人，人都會想給予支持。支持的人越多，你得到的幫助也會變多，一路向上成長。

「好！那我也要朝著目標努力！」等等，我要先提醒一件事。

絕大多數的人，都誤會目標的意思了。有些人一聽到「你要有目標呀」，就會湧現負面情緒，心想：「麻煩死了，有目標又能怎樣？」

如果你就是這樣的人，那麼，你誤會目標的意思了。

擁有目標，應該是一件快樂的事情。如果這個目標不能讓你的人生變得更快樂，就算不上是目標，而是業績壓力。

那麼，該怎麼做才能擁有目標，而不是背負業績壓力呢？有兩個重點。

成長的兩項必備條件

朝著遠大目標邁進，培養最強心理韌性

第一，就是**別怕目標設定得太高**。

「以我現在的能力，目標設定在這裡就行了吧……」看到這種人，你會想支持他嗎？是不是頂多說句「好啦，你加油吧」就沒了？

沒有人會對一個設定小目標的人有興趣。因為人對於不會產生變化的事情，沒有興趣。**以自我成長的觀點看來，合理的（符合現實的）目標，是最糟糕的目標。**

反之，目標遠大得像是痴人說夢的人，就是會吸引他人的目光。當事者為了

達成遠大目標，勢必得拚命改變自己，因此會拿出認真的氣魄。既然當事者是認真的，自然也會遇見願意認真支持的人。

認真朝著遠大目標邁進的人，心理韌性是最強的。有了最強心理韌性，每天都能快樂過日子，不斷成長。而且這與天賦無關，無論活到幾歲，都能養成強大的心理韌性。像我，就是在接觸教練學時養成的。

我在傳直銷圈學會了洗腦技巧，因而學會操縱他人心理的方法，改變了自己的世界；而接觸教練學，則讓我學會操縱自己內心的方法，大大翻轉了自己的世界。

操縱自己內心的方法與洗腦技巧類似，所以很好學，但改善人生的成效遠比洗腦技巧還強。我對此深受感動，因此現在也從事心理教練的工作。

別在意社會觀感，它只會妨礙你

另一項幫助你成長的條件，就是設定目標的時候，不要在意社會觀感。

設定何種目標都是個人自由，然而，卻有太多人設定一些冠冕堂皇的目標。

我有一些客户是企業老闆，當我在課程中問他們現在有什麼願望時，多半都回答：「我有錢也有閒，已經夠幸福了，所以我想讓員工擁有更好的生活。」

騙鬼喔。如果你真的覺得自己夠幸福、對一切都心滿意足的話，才不會來找心理教練咧。你大可幫員工付錢，讓他們來上課就好啦。

追根究柢，「讓員工過好日子」不應該是目標，而是老闆的職責吧？如果你一心只想讓員工過好日子，為什麼自己買了好幾臺名車，員工的薪水卻還是一樣低？

不過，此時不能對客户說「騙鬼」，否則客户會架起心防。必須在「不否定對方」的前提下，繼續探索問題的根源。

於是我繼續問道：「你真正想要的是什麼？」一問之下，他們才坦白承認：「想被年輕女孩吹捧」或「想要更多情婦」。我只是舉例，所以刻意舉了一個簡單好懂的例子，但這也是許多人的真心話。想得到異性青睞是人類的本能，也是因為有這項本能，人類才能繁衍至今。

在此先不討論「都已婚了還想要有桃花，是否挑戰了日本的社會觀感」。**首先，不要理社會觀感了，把別人強加在你身上的價值觀全都丟掉吧！「他人的觀感」，只會妨礙你探索內心真正的聲音**。腦子裡想什麼，都是個人自由。

而身為一個老闆，應該做些什麼，才能「得到年輕女孩的吹捧」呢？稍微想想，自然就會得出「讓員工過好日子」「讓客户快樂」「事業成功」的答案。

想到這一步，當事者才能將員工的幸福視為自己的幸福，也才能衷心希望他人得到幸福。因此，說到底，員工的幸福並非目標，而是身為老闆應做的事。

請不要連腦子都受到社會觀感的約束。人類不應該被冠冕堂皇的道德標準壓迫。

「不會被討厭的人」跟「討喜的人」是完全不同的

這是本章的最後一節。讀到這兒，應該還是有些讀者有些疑慮，比如：「捧笑真的沒問題嗎？」「突然送一堆禮物，真的不會被當成怪人？」

在此，我希望你能明確分辨「不會被討厭的人」與「討喜的人」之間的區別。兩者看起來很像，事實上截然不同。

不會被討厭的人，就是沒有存在感的人。日文有一句話叫做：「好人，就是好沒有存在感的人。」（いい人とはどうでもいい人だ。）這話一點也沒錯。

「不會被討厭」，幾乎等於「不會被喜歡」。

「對啊對啊，就是這樣！」你也很認同對吧？那我問你一個問題。「不會被討厭的人」跟「討喜的人」，差別在哪裡？請用一句話解釋。

覺得很難回答嗎？

兩者的差別，用一句話來說就是「**有沒有牽動他人的情感**」。

害怕被討厭的人，為了避免被討厭，不會說出逾越安全界線的話。因此，別人的確不討厭他們，但對他們也沒有其他情感。常言道：「喜歡的相反是冷漠」，不會被討厭的人，是無法引起他人關注的。

反觀討喜的人，總是能牽動他人的情感。牽動情感，就等於撼動人心。越是能撼動人心的人，越能得到他人的關注。

既然撼動了許多人的心，難免會出些差錯，意外導致某些人討厭你。不過，人不可能被所有人喜歡，自然也不可能被所有人討厭。

因為，討A喜歡的行為，可能正是惹B討厭的行為。

這點在社群媒體上很明顯。假如某人做了好事爆紅，觸及率瞬間飆高，那麼在一排讚賞的留言之中，一定會混入幾個酸民。這就是世界的縮影。

有粉絲，就有酸民；有酸民，就有粉絲。

沒錯，確實可能有人會對捧笑、送禮或是裝熟的行為感到不悅，但有人會對此不悅，勢必也有人會因此喜歡你。

解除心防的鑰匙，形狀因人而異。如果鑰匙孔不合還硬插，只會啟動警報或弄壞鑰匙。

然而，難道你要因此就不插鑰匙嗎？不插鑰匙，門是永遠不會開的。難道你要一直守在門外，等對方出門？

人際關係是禁不起這樣瞎耗的。說不定對方一輩子都不會出門呢。

請鼓起勇氣，多多解除別人的心防吧。久而久之，你開鎖的功力一定會越來越好，失敗次數也會越來越少。

今後，**如果你試著想讓別人喜歡你，卻被討厭了，請稱讚自己：我做了應做的努力**。既然你在對方腦中有印象了，就表示你確實往前走了一步。

況且，你這麼努力想討他歡心，他卻說你壞話，這樣你還希望得到他的喜歡嗎？

我在逛社群媒體時，每每心想：那些人生無聊到只能當網路酸民的人，我死也不想跟他們當朋友。

討厭你的人，就讓他們一直討厭你，這樣的關係比較健康。難道你不認為，該討厭你的人不討厭你，只跟你維持表面上的和諧，感覺更噁心嗎？這種關係只會絆手絆腳罷了。

此外，人是一種會改變的生物，「討厭」也是有可能變成「喜歡」的。至少，跟「不在意」比起來，「討厭」跟「喜歡」還比較接近呢。

為什麼有人會去酸那些受讚賞的人？百分百就是嫉妒。嫉妒是來自於「我也想跟他一樣」的憧憬，因此「嫉妒」跟「喜歡」是相近的。

所以，你千萬不能害怕被討厭。**想要努力被喜歡，就必須擁有被討厭的勇氣。**而不怕被討厭的你，會自然散發出一股自信。你的自信，將使你更有魅力。

相信自己，抬頭挺胸地解開所有人的心防吧！

【後記】

謝謝你讀到這裡。

關於「解除心防的方法」，我已在本書中極盡所能地將所有技巧與思考方向寫進去了。你不需要同時應用所有技巧，只需要挑出一個用得順手的，就能充分讓投入的時間與金錢回本。

在此，我想分享自己創作本書的兩大原因。

其一，是家父被人詐騙，幾乎失去了所有財產。

詳情我在YouTube說過（標題是《慘遭詐騙一貧如洗，全家分崩離析》〔ガチ詐欺に遭ってお金が無くなり、家庭が崩壊しました〕），家父發現自己的退休金

丟了大半，而且騙他的還是信任的親戚，因而再也不相信人性，導致憂鬱症發作。

當時，家父看起來變得好脆弱、好渺小。他瞬間暴瘦，聲音也變得微弱不清，看起來頓時老了二十歲。

那時的我深深了解到，卸下心防的人有多麼脆弱。

家父在公司打拚了四十年，房貸繳清，跟親戚的感情也很好。「以後我靠養老金享受人生就夠了！」當時的他，已經完全卸下了心防。

一個完全卸下心防的人，抵抗力等於零。不僅無法抵禦外部攻擊，也會在心裡留下嚴重創傷。

所幸在我提供了經濟支援與心理協助後，家父總算振作起來，變得比以前還開朗。

但我也不禁心想：要是我沒有錢填補家父的損失怎麼辦？要是我不懂得如何提供他心理協助怎麼辦？光想就令我不寒而慄。

遇到這件事之後，我產生一個想法：我知道世界上沒有「百分百再也不被騙的方法」，所以，我更需要將減輕損害的方法分享出去。

另一項原因，則是我平時擔任心理教練時，發現有太多人活在滿是忍耐與顧慮之中。

大家在生活中忍氣吞聲，換來的就是世上充滿著肅殺之氣。直到我離開日本，才發覺並非這世上所有的地方皆充滿肅殺之氣，而是日本的肅殺之氣特別濃厚。

回顧我的過去，我發現很多人並非善良之輩。我所說的過去，並不是僅限於傳直銷時期；最令我深深感受到缺乏人性良善的，是當上班族那段時間。

為什麼只因為身為主管或老客户，就能漠視他人的情感？沒有人想被怒罵、威脅，那麼為何他們只會用怒罵、威脅來驅動別人呢？當時的我，並不知道原因。

如今，我多少明白問題出在哪裡了。他們所缺乏的並不是善良，而是知識；除了怒罵、威脅，他們不知道其他撼動人心的方式。也或許，他們不知道如何敞開心扉，因此累積太多壓力，沒有餘力去思考怒罵、威脅以外的方式。

無論如何，他們多半都是一群不懂得卸下心防，反而受困於心防的人。

你身邊的，是一群什麼樣的人呢？

他們都是善良的人嗎？

如果你周遭都是善良的人，當然值得開心；不過，我從客戶們的煩惱中得知，其實有不少人陷入類似我當年的狀況。

不過，我敢跟你打包票：從今天起，狀況一定會有所改變。事先聲明，我並不是要你幫我推廣本書唷。

只要你改變，你周遭的人也一定會改變。人只會跟意氣相投的人在一起；換言之，當時認為「很多人都不善良」的我，其實也不夠善良。

當你學會敞開心扉做自己；當你學會打開別人的心扉、讓人心情愉悅；當你學會以扣人心弦的方式激勵人心；你的身邊，自然會圍繞著一群善良的人。

屆時，你的世界將完全改變。

阿德勒曾說：「所有的煩惱都來自於人際關係。」或許有人不認同，反駁道：

「哪有，我才沒有煩惱人際關係呢，我是擔心將來日子怎麼過、擔心沒錢啦。」不過，將來會帶給你困擾的是人，而付錢給你的也是人。

坦白說，我現在一點煩惱也沒有。我並沒有富裕到可以一生不工作，但我想玩就玩一整天，想打新電玩，我就一整個月都不工作。這幾年來，我只為了當天最想做的事情忍耐，除此之外一概不忍。

你問我是怎麼辦到的？其實，我只是擁有兩種自信：其一是帥氣的自信，「反正我擁有解除心防的能力，錢再賺就有」；其二是糗糗的自信，「就算再不濟，也會有人在我遇到困難時伸出援手」。

說來諷刺，當我學會解除心防的方法後，我也學會了相信人類。此處所說的「人類」，也包含我自己。

從前當上班族時忍氣吞聲的我，講這種話可能沒人相信，但自由人生是真實存在的。至於此事是真是假，就由你親自驗證了。

如果本書能幫助你開啟充滿驚奇的精采人生，就是敝人最大的榮幸。

為了感謝你讀到最後，我要送你禮物。我上一本書的禮物是未收錄內容的解說影片，而這回，我要送你五份禮物！

- 受限於篇幅而忍痛刪除的原稿
- 講解上述內容的有聲書
- 二十張簡單易懂的插圖，讓你一眼就能明白本書重點
- 講解上述插圖的原創影片
- 個人推薦的三溫暖與溫泉設施

老實說，這本書我重寫了三次，因此有很多受限於篇幅而刪減的內容。在嚴

格篩選之下，我從中挑出幾篇製成這份禮物，還請笑納。

該怎麼領禮物呢？請加我官方LINE好友（@086fvsmh），並輸入關鍵字「心のガード」（心防），就能得到連結。請掃描以下QR碼，就能加入我的官方LINE好友。

最後，請容我再說一次：謝謝你讀到最後。

現在YouTuber已經不是我的主業，所以發片頻率不如以往，但Dr. HIRO並沒有退休，在你們忘記我的時候，我就會發片了。此外，心理教練課程有名額的時候，我也會透過LINE發出通知，所以歡迎有興趣的人加入我的LINE，等候我的通知。

今後，也請各位多多指教！

期待下次與你再會！

Dr. HIRO

NOTES

NOTES

NOTES

NOTES

國家圖書館出版品預行編目(CIP)資料

跟任何人1秒變熟的本事：解除心防，拉近距離，贏得你想要的影響力！/
Dr. Hiro著；林佩瑾譯. -- 初版. -- 新北市：李茲文化有限公司，2025.06
面；　公分

ISBN 978-626-99611-3-9(平裝)

1.CST: 溝通技巧 2.CST: 說話藝術 3.CST: 人際關係

177.1　　114005025

跟任何人1秒變熟的本事

解除心防，拉近距離，贏得你想要的影響力！

作　　者：Dr. HIRO
譯　　者：林佩瑾
責任編輯：莊碧娟
主　　編：莊碧娟
總 編 輯：吳玟琪

出　　版：李茲文化有限公司
電　　話：+(886) 2 86672245
傳　　真：+(886) 2 86672243
E-Mail：contact@leeds-global.com.tw
網　　站：http://www.leeds-global.com.tw/
郵寄地址：23199 新店郵局第9-53號信箱
P. O. Box 9-53 Sindian, New Taipei City 23199 Taiwan (R. O. C.)

定　　價：380元
出版日期：2025年6月1日 初版

總 經 銷：創智文化有限公司
地　　址：新北市土城區忠承路89號6樓
電　　話：(02) 2268-3489
傳　　真：(02) 2269-6560
網　　站：www.booknews.com.tw